富兰克林传

姜秋月◎著

时代文艺出版社

图书在版编目（CIP）数据

富兰克林传 / 姜秋月著． —长春：时代文艺出版社，2016.4（2023.7重印）

ISBN 978-7-5387-5120-8

Ⅰ．①富… Ⅱ．①姜… Ⅲ．①富兰克林，B.（1706～1790）－传记 Ⅳ．①K837.127=4

中国版本图书馆CIP数据核字（2016）第001732号

出 品 人　陈　琛
责任编辑　刘瑀婷
助理编辑　史　航
装帧设计　孙　利
排版制作　隋淑凤

本书著作权、版式和装帧设计受国际版权公约和中华人民共和国著作权法保护
本书所有文字、图片和示意图等专有使用权为时代文艺出版社所有
未事先获得时代文艺出版社许可
本书的任何部分不得以图表、电子、影印、缩拍、录音和其他任何手段
进行复制和转载，违者必究

富兰克林传

姜秋月　著

出版发行 / 时代文艺出版社
地址 / 长春市福祉大路5788号　龙腾国际大厦A座15层　邮编 / 130118
总编办 / 0431-81629751　发行部 / 0431-81629755
官方微博 / weibo.com / tlapress　天猫旗舰店 / sdwycbsgf.tmall.com
印刷 / 北京市一鑫印务有限公司
开本 / 710mm×1000mm　1 / 16　字数 / 138千字　印张 / 12
版次 / 2016年4月第1版　印次 / 2023年7月第3次印刷　定价 / 36.00元

图书如有印装错误　请寄回印厂调换

目录 Contents

序言　在诚实和勤勉中度过一生 / 001

第一章　渴望知识的少年
　1．人生，在这里起航 / 002
　2．印刷小学徒 / 005
　3．求知的疯狂 / 009
　4．离开故乡 / 014
　5．费城我来了 / 018
　6．父亲的决定 / 022
　7．伦敦之行 / 025

第二章　成家立业
　1．重操旧业 / 032
　2．组建共读社与道德党 / 035
　3．机会永远垂青有准备的人 / 040
　4．有情人终成眷属 / 044
　5．热心公益 / 047

第三章　投身公益事业
　1．致力于公共事业 / 052

2．组建费城民兵自卫团 / 055

3．筹办学校 / 058

4．驯服雷电，捕捉天火 / 060

5．促成医院建立 / 067

6．与印第安人谈判 / 069

第四章　出使伦敦

1．殖民地联盟计划 / 074

2．不容侵犯的领土 / 078

3．出使伦敦 / 082

4．短暂的议长之职 / 087

5．再次出使伦敦 / 091

第五章　割舍不下的情感

1．不曾放弃的科学研究 / 098

2．拓展西部计划 / 101

3．游历法国 / 104

4．担任四州代理人 / 108

5．"赫金森信札"事件 / 112

6．竭尽全力放手一搏 / 116

7．一个伤心的老人 / 122

第六章　一个即将诞生的国度

1．投身北美殖民地革命事业 / 128

2．美洲外交官 / 131

3．《独立宣言》的发表 / 135

4．身负重任出使法国 / 139

5．最艰难的日子 / 143

6．历尽艰辛完成使命 / 147

7．受命出任驻法全权大使 / 151

8．英美缔和 / 155

第七章　最后的余热
　　1．荣归故里 ／ 164
　　2．促进宪法通过 ／ 166
　　3．巨星陨落 ／ 169
附　录
　　富兰克林生平 ／ 174
　　富兰克林年表 ／ 177

序言

在诚实和勤勉中度过一生

本杰明·富兰克林曾说过:"诚实和勤勉,应该成为你永久的伴侣。"他是这样说的,也是这样做的。

他10岁辍学回家帮工,12岁开始在哥哥的印刷厂当学徒。这一切并没有磨灭他学习的欲望。他在掌握印刷技术的同时,利用工作之便,结交在书店当学徒的朋友,并在朋友的帮助下广泛地阅读了有关科学、文学、历史、哲学等方面的著作,还自学了数学和四门外语,所有的一切都为他这一生取得诸多成就奠定了坚实的基础。

他是一位科学家。虽然他只在学校读了两年书,但是却被美国的哈佛大学、耶鲁大学,英国的牛津大学、爱丁堡大学、圣安德鲁大学等大学授予硕士学位或博士学位。

他曾经做过著名的"费城风筝实验",他创造了正电、负电、导电体、电池、充电、放电等许多世界通用的专用名词。他提出了电荷不能创生也不能消灭的思想,为后人发现电荷守恒定律提供了基础。他被誉为"第二个普罗米修斯",他提出了避雷针的构想,并成功地发明了避雷针……在电学上的成就让他成为享誉世界的科学家。

他是一位发明家。他在数学、热学、光学、声学、海洋学、植物学等方面取得了很大的成就。在数学上,他创造了8次和16次幻方;在热学上,他发明了新式火炉;在光学上,他发明了双焦距眼镜;他还发现了墨西哥湾的海流;最先绘制暴风雨推移图;最先解释清楚北极光现象;发现人们呼出气体的有害性、引发感冒的原因;发明了颗粒肥料;设计出夏天穿的白色亚麻服装和最早的游泳眼镜;他还研究发明了电轮、三轮钟、自动烤肉机、玻璃乐器、口琴、摇椅、高架取书器、新式路灯……

他是一位社会活动家。他热衷于公益事业,先后参与并创建了图书馆、报社、书店、医院、学校、消防队、地方民兵组织等机构和组织;制定了新闻传播法;最先组织了消防厅;创立了近代的邮信制度。他酷爱自由和平,反对战争,痛恨种族歧视和奴隶制度,主张维护黑人和印第安人的利益。

他是一位政治家,是美国独立战争的功臣。由于他生活的时代正处于美国从殖民地向独立的资产阶级国家发展的重大转折时期,他积极投身革命运动,对独立战争的胜利和美国国家制度的初期建设做出了重大的贡献。

他提出著名的"奥尔巴尼联盟"计划,让他成了最早将美利坚合众国大联合这种思想植入到殖民地人民头脑中的人;他曾担任美国邮政部长,组织战争期间的邮政事宜,功绩显著;他参与起草了《独立宣言》和美国宪法;他曾4次当选宾夕法尼亚州州长;他创立了议员的近代选举法;他积极主张废除奴隶制度。他深受美国人民的崇敬。

他是一位外交家，他是美国第一位驻外大使。在英强美弱的局势下，他奉命出使法国，争取美法结盟，取得外援帮助。在战争后期，他参加并主持美英议和谈判，签订了有利于美国的英美和平条约。他在极其困难的条件下，胜利地完成了外交使命。

法国经济学家杜尔哥曾这样评价他："他从苍天那里取得了雷电，从暴君那里取得了民权。"

第一章　渴望知识的少年

1. 人生，在这里起航

1706年1月17日，星期天。美国波士顿米尔克大街的乔赛亚·富兰克林先生家中，又添了一名新成员，乔赛亚为这个新生的男婴取名为本杰明·富兰克林。

"富兰克林"在英格兰可谓是比较高贵的姓氏。岁月流逝，许多族系中的分支已家道没落，但大多数族人都依靠着辛勤的劳动和聪明的头脑过着比较富足的生活。

富兰克林的家族很早就参加了宗教改革运动，这个家族一直坚信新教。1553年，天主教徒玛丽女王登基，就开始残酷地迫害新教徒。富兰克林家族坚持反对天主教会制度，随时有遭受迫害的可能。他们有一部英文版的《圣经》，当时天主教的《圣经》是拉丁文的，由于他们信奉新教，所以阅读英文版的《圣经》。为了保护和隐藏《圣经》，他们就把《圣经》打开，用带子绑在一个折凳的凳面下。每当祈祷的时候，一家之长就把折凳翻放在自己的膝盖上，在带子下面翻动书页，向全家人诵读经文。并且家中还会有一个孩子站在门口，如果看到教会法庭的官吏走来，就会回家通风报信。随后，折凳就会被翻转过去放正，《圣经》就可以隐藏起来了。直到查理二世统治的末期，全家人都一直信奉英国国教。后来，个别的家族成员改信了非国教。

富兰克林家族一直生活在埃克顿，埃克顿位于英格兰中部的伦敦盆地与米德兰平原之间，离那不远的地方蕴含着丰富的铁矿资源，于是，采矿、冶炼、打铁就成了当地居民谋生的主要手段和职业。

本杰明·富兰克林的祖父托马斯生于1598年，那时，家族大约有30英亩的自由土地，还有一个不大的铁匠铺。托马斯继承了祖业，终身以务农、打铁为业。托马斯共有4个儿子，长子也叫托马斯。老托马斯晚年将祖业交给了长子，在次子那里安享晚年。小托马斯虽然继承了铁匠的职业，但聪明的他，努力学习，并在大绅士帕莫先生的鼓励帮助下当上了书记官，参与组织了许多公益活动，成为当地很有名望的人。小托马斯死于1702年，将祖业传给独生女，后来富兰克林家族的产业卖给了一位叫伊斯德的先生。

老托马斯的次子约翰，善良纯朴，在牛津郡谋生时，学会了给羊毛上色，成为一位呢绒染匠，回来后自己开了一间染坊。第三个儿子叫本杰明，在伦敦学染丝绸，他很有才气，且心存大志，但是有些怀才不遇，因此变得更加高傲。第四个儿子名叫乔赛亚，喜欢探索宗教、政治、社会问题，跟约翰当过学徒。四兄弟中，乔赛亚与本杰明的感情最为亲密。

乔赛亚不到20岁时，就娶了比他大3岁的玛丽为妻，5年之后便有了3个孩子。为了摆脱贫困的生活并躲避宗教的迫害，大约在1682年乔赛亚带着妻子和3个孩子漂洋过海，来到了大洋彼岸的北美新大陆，迁居到新英格兰的波士顿城后，乔赛亚很快便爱上了这片土地，并终生生活在这里。

来到北美殖民地后，乔赛亚发现染色业生意惨淡，很难维持家里的生计，便改行制作肥皂和蜡烛。他在米尔克大街买下了一栋廉价的旧房,经过修缮、扩建,新的家园就这样建立了,既能供家人居住,又能制作肥皂和蜡烛,乔赛亚很高兴。

肥皂和蜡烛的销路很广,乔赛亚又很会做生意,所以家里的生意越做越红火。不久乔赛亚就成为城里小有名气的商人。虽然,他赚了很多钱,但他的花销也不少,收入很快就因增添的人口而紧张起来。在波士顿,玛丽生了4个孩子之后就离开人世,其中的两个孩子未活过半个月就夭折了。

在玛丽去世的半年后,乔赛亚娶了22岁的阿拜亚·福格尔为继室,又生了10个子女,加上玛丽所生的7个孩子,乔赛亚有17个子女,本杰明·富兰克林是家里的第15个孩子,他的下面还有两个妹妹。而他的名字则来源于他的伯父本杰明。家里的孩子太多,年龄差距很大,当富兰克林最小的妹妹简出生时,大姐已经出嫁。在众多兄弟姐妹中,富兰克林最崇拜的哥哥是当海员的乔赛亚,最喜欢的妹妹是有一双绿宝石样大眼睛的简。

富兰克林的生母阿拜亚·福格尔的父亲彼得·福格尔是新英格兰最早的移民之一,《美洲宗教史》的作者可顿·马太在他的书中说他是"一位虔诚而饱学的英国人"。彼得也曾写短诗拥护信仰自由,声援受迫害的浸礼会、教友会和其他教派,认为殖民地所遭受到的印第安人战争和其他灾祸是迫害教徒的后果,是上帝对宗教迫害罪行的惩罚,奉劝当局废止那些残暴不仁的立法。在良好的家庭教育下,阿拜亚成为一位非常有教养的女性,善良贤惠,知书达理,外表柔弱,但性格坚毅。她嫁给乔赛亚后,就成为丈夫的贤内助和儿女们的好母亲。富兰克林曾这样赞美过自己的母亲:"在我心目中,她永远是一位天使!"

乔赛亚能歌善舞，茶余饭后，他经常用甜美的男中音唱起优美的赞美诗和古老的英格兰民歌，阿拜亚则用轻柔圆润的低吟相伴相随，还有一群孩子在一旁静静地听着。他还时常邀请一些明智通达的朋友来家里聚谈，围绕一些有益的话题在孩子们面前辩论，提高孩子们的智力，希望可以让他们成为善良、正直的人。

本杰明·富兰克林就是在这样的家庭氛围中开始了他传奇的一生。

2. 印刷小学徒

从小富兰克林就活泼好动，兴趣爱好特别广泛。起初，他迷上了军事，对那些战功赫赫的军事家佩服得五体投地，并将他们作为自己学习的榜样，决心要像他们一样在战场上有所作为。父亲对他的这一想法极力反对，就连远在伦敦的三伯父本杰明也写信劝阻，并告诉他一些"战争是罪恶"之类的名言警句。

不久，富兰克林又迷上了大海，他希望像哥哥小乔赛亚那样自由自在地在大海上航行。他思念的大海，终于在梦中与他相遇：一天夜里，他梦见自己化成一朵浪花，在大海的呵护下自由自在地玩耍，突然间浪花直冲云霄，他变成了一朵白云，在风的陪伴下到处遨游，这时风停了，他迅速飘进大海，冰凉的海水浸着他的每一寸肌肤。"妈妈救我！我要淹死了！"哭喊声惊醒了正在熟睡的家人，妈妈急忙赶过来，好不容易才唤醒他，结果发现被褥已经被他尿湿了一大片。

乔赛亚看出富兰克林是个十分聪明上进的孩子，非常适合从事教会工作，于是决定将富兰克林奉献给教会。从伦敦回来的伯父本杰明也十分赞同乔赛亚为富兰克林选择的道路，并把自己多年积累下来的布道演讲录送给富兰克林，希望能够对他有所帮助。

富兰克林8岁的时候，父亲将他送进语法学校读书。他的兄长们则没有这么幸运，在同样大的年纪时，他们已在各行各业开始了学徒生涯。富兰克林天资聪颖，入学不到一年，学习成绩就从中等升至班级首位，并提前升入了二年级。聪明好学的他很讨父亲的喜欢，以至于乔赛亚更加坚定要培养好他的想法，乔赛亚的朋友们也一致认为富兰克林一定会成为一个很出色的学者。

家庭的重担压得乔赛亚喘不上气来，她不得不考虑是否要让儿子继续读书。除此之外，还有一个重要的原因，从事教会工作的可能性对于他们这个阶层微乎其微，况且很多受过高等教育的人最后还是得落个生活窘困的下场。经过一番深思熟虑后，乔赛亚决定送儿子去更加实用的写算学校学习。在这所学校，富兰克林的写作和阅读能力有了明显的提高，还练就一手好字，但是算术却是一塌糊涂，到学期结束时，他的考试成绩并不是十分理想。

经过一番权衡之后，乔赛亚决定结束儿子的学习生涯，于是只读了两年书的富兰克林，辍学回家帮助父亲经营家业。

晨起后，富兰克林就来到父亲的店里帮忙，开始做些加工蜡烛、看管店铺、打杂等工作。这些工作令他十分苦恼，比起这一行，他更向往自由自在的航海生活。因此，工作一有间歇，他就会带领着附近的小伙伴们到水边去游泳或划船。在遇到困难时，他会像首领一样指挥大家渡过难关，但并不是每次都能顺利解决，有时他也会把小伙伴们带入困境。

镇上的水磨附近有一处咸水沼泽，当水多时，富兰克林就会和伙伴们来这里钓鱼。时间一长，沼泽周围被大家踩成了烂泥地。一天，富兰克林把伙伴们召集到一起，说想要修筑一个钓鱼台，这一提议很快就得到大家的认可。首先要考虑建筑材料的来源，不远处堆放的石块引起了大家的注意，尽管大家都知道那些石块是用来建造一座新房子的，但是谁也顾不上这些。等到盖房子的工人们都收工回家后，孩子们的工作就开始进行，他们三个人一组，把石块运过来堆砌好，一个个累得满头大汗。在大家的不懈努力下，钓鱼台终于建好。小伙伴们约好明天一起来钓鱼，随后就满心期待地回到各自的家中。

可是第二天天一亮，他们的美梦就被击碎了。工人们一早来出工，发现石块不翼而飞，便开始四处寻找。他们的钓鱼台很快就被工人们发现，参与"坏事"的孩子们都被揪了出来，在被问责的时候，富兰克林还跟父亲争辩说这是有益于大家的，父亲严厉地教训他说："不诚实的事，是不会有益的。"

这是富兰克林提议并主持的第一件公益事情，虽然最后以失败收场，但是父亲的教诲却永远铭记在他的心中，并让他受益终生。

转眼间，富兰克林已经在父亲的店里帮了两年工。最近，富兰克林的哥哥约翰要离开父亲，前往罗德艾兰结婚。之前，他一直跟随父亲学习皂烛制造，父亲也有意让他继承自己的手艺，随着哥哥的离开，继承家业的任务自然而然就落到富兰克林的肩上。

富兰克林并不喜欢这个行当，但父亲也没有强迫他。因为父亲担心一心做着航海梦的他会像另一个儿子小乔赛亚一样，偷偷跑到海上去当水手。因此，乔赛亚时常带着富兰克林去观察木匠、泥瓦匠、旋工、铜匠师傅们工作，观察富兰克林有没有兴趣，进而为他选定一种职业。富兰克林从那时起就开始留心观察手艺高超的师傅们的工作，并从中学到很多东西。随后，家里一些简单的修理工作全被富兰克林承包下来，闲暇时间他也喜欢自己制作一些小东西，做些小机械实验。后来，父亲决定让富兰克林跟随哥哥本杰明的儿子萨穆尔学习制刀业，但是萨穆尔总是希望从富兰克林的身上获取一些报酬。这让乔赛亚十分恼火，就把富兰克林领了回来。

富兰克林一直喜欢读书，他辍学后仍然坚持读书。起初，父亲的小藏书室成了他最爱的地方，虽然父亲的藏书多与神学辩论有关，但其中也不乏好书，他认为普鲁塔克的名著《希腊罗马名人传》是值得一读的好书，还有笛福的《计划论》、科顿·马德的《为善论》。逐渐地，父亲的藏书室已经满足不了他读书的欲望，他开始攒零用钱买书，买来的第一部书是分装成四十五册的《约翰·班扬集》，其中的《天路历程》是他最爱读的一本书，后来他把这部书卖了，用卖的钱买了柏顿的《历史文集》。看到儿子这么喜爱读书，乔赛亚决定让他从事印刷业。虽然富兰克林一直渴望着航海生活，但是实现这个愿望的概率太小，父亲是不会同意的，比起父亲的皂烛行业，印刷业还是可以勉强接受的，他决定结束与父亲的对抗，接受印刷学徒的工作。

1717年，富兰克林的哥哥詹姆士从英国回来，并带回一台印刷机和许多铅字，准备在波士顿开办一家印刷所，富兰克林就来到这里帮工。詹姆士以老板的身份跟12岁的富兰克林签订了学徒合同，合同规定：21岁之前富兰克林将一直在印刷所学习印刷手艺，在此期间的吃住及服装由詹姆士负责，到合同终止的前一年，他才能得到普通工人中的最低工资。

天资聪慧的富兰克林仅用很短的时间，就熟悉了印刷业的工作，为詹姆士分担了很大一部分工作。虽然富兰克林因为工作变得更加忙碌，但这丝毫没有影响他对学习的渴望。

3. 求知的疯狂

虽然，由于经济原因富兰克林不得不终止自己的学业，但是在学校的两年生活已经点燃了他那疯狂的求知欲，书籍已成为他的精神食粮。白天的工作不管多么劳累，都阻止不了他对读书的渴求，晚上回到家中，他就把自己关在小屋中，开始进行疯狂的阅读。对于图书的种类他没有要求，政治、法律、自然科学、宗教、文学名著等等都是他涉猎的范围。对于优秀的作品他更是爱不释手，反复阅读，幸好家里的蜡烛可以满足他彻夜读书的嗜好。这些书对富兰克林的思想、人生定位都产生了巨大的影响。正如他在回忆录中所说的那样：

"这些书对我的思想可能起着转折的作用，影响着我日后生活中的某些大事。"

从事印刷业也给富兰克林带来很多便利条件，他认识了几个在书店做学徒的伙伴，伙伴们经常帮助他从书店里"偷"一些书出来，拿到书后他更是如痴如醉地熬夜品读，直到把书阅读完之后，才肯休息一小会儿。为了不让伙伴为难，这些"偷"出来的书，第二天一早就要还回去，由于他非常守信用，越来越多的人愿意把书借给他。这时，一位经常来店里的名字叫马太·亚当的商人注意到了富兰克林，他家的藏书非常之多，他邀请富兰克林到他的藏书室去，并愿意借给他一些书，前提是他要保护好这些书。

阅读大量的书籍之后，他还有了写诗的冲动，詹姆士觉得他写诗可能会对日后有些帮助，就鼓励他写两首应时故事诗：一首题目为《灯塔的悲剧》，叙述的是华萨雷的船长和他的两个女儿在海上遇难的真实故事。另一首是《水手之歌》，叙述的是捉拿海盗提奇(也叫"黑胡子")的经过。詹姆士将这两首诗印出来，由富兰克林到街上去叫卖，反响很好，尤其是第一首，因为它是以最近发生的轰动一时的事件改编而成的。就在富兰克林为自己感到骄傲的时候，他的父亲狠狠地打击了他，虽然当时他并不明白父亲的用心，还和父亲生了好长时间的气。时隔很久后，富兰克林意识到自己的那两首诗的确是毫无意义，格调低下，如果真的写诗，也要成为一个卓越的诗人。同一时期，富兰克林也开始了散文的写作，虽然父亲反对他写诗，但在散文写作上却给予了他莫大的帮助。

在镇上还有一个酷爱读书的孩子，名叫约翰·柯林斯，由于拥有共同的爱好，富兰克林和他成为好朋友，并且交往甚密。他们在一起时，常常会就某一件事持不同观点而展开激烈的争论，谁也不想服输，绞尽脑汁说服对方。这种爱争辩的怪癖是富兰克林阅读父亲的那些关于宗教辩论的书时养成的，但他清楚这并不是一个很好的习惯，甚至会破坏气氛、惹人讨厌。富兰克林尽量压制自己的争辩癖，但是它总是会在柯林斯的推波助澜下发挥得淋漓尽致。

一次，两个人对于妇女是否要接受高等教育和妇女从事研究工作能力的问题展开了辩论。柯林斯认为妇女不应该受高等教育，更不能胜任研究工作，因为她们天生笨拙，但是富兰克林持相反的观点。富兰克林不得不承认，柯林斯天生就善于辩论，分开的时候，约翰占据了上风，但是他并不服气，于是他把自己的论点写在纸上，寄给柯林斯，这样一来在不能见面的时候，他们还可以继续那场争论，柯林斯也不甘示弱，同样回信继续争辩。就在双方都寄出了三四封信时，富兰克林的父亲不经意间发现了儿子的信件，他并没有对孩子们争论的问题做评论，而是借着这个机会与富兰克林谈论文章的体裁问题，他说："虽然在正字和标点方面你胜过了你的论敌，但就措辞与叙述的条理清晰而言，你远不如对方。"他还列举了几处实例让富兰克林信服，从那之后，富兰克林开始注意文章的体裁，并决心改进。

一个偶然的机会，富兰克林买了一本名叫《旁观者》的杂志，阅读之后爱不释手，其中几篇文章写得极好，他开动聪明的大脑，想到了一个帮助自己改正写作缺点的好方法。他挑选出了几篇文章，先理解每句话的意思，再做一个简单的摘要，几天之后，用自己的话尽量拼出整篇文章，然后把自己写的文章和杂志中的原文作比较，从中找出自己的不足。他发现自己的词汇掌握得不是很好，不能用最短的时间想到最合适的词。他想如果自己没有放弃诗歌的写作，也许现在就不会出现这种状况，因为写诗需要丰富的词汇，为了诗的韵律就要不停地寻找含义相同但是长度不同或是音韵不同的词，因此，他决定将这些散文改写成诗，直到自己完全忘记最初的文章结构，再把诗用散文的形式表达出来，之后与原文对照，发现不足之处就立即改正。有时他还会把自己写的摘要打乱，几天之后，用最好的顺序把它们排列起来，这样做可以使文章更具条理性。他的办法非常有效，一段时间后，父亲就夸他的写作水平有了很大提高。

白天富兰克林要在印刷所里帮忙，能用来阅读的时间只有晚上结束工作之后或早上开工之前，或是利用星期天。为了阅读，他利用一切可以利用的时间，星期天本该与父亲一同去做礼拜，但是为了阅读他总是想法设法从父亲的威逼利诱下逃脱出来，一个人留在印刷所里，独享阅读的盛宴。

一个名叫特莱昂的作者写的一本关于宣传素食的书引起了富兰克林的注意。熟读之后，富兰克林认为书中所阐述的观点非常有道理，决定要实行素食，这一年富兰克林只有16岁。当时，詹姆士尚未结婚，没有人帮助他料理家务，因此他和他的学徒们都在一户人家包饭，富兰克林的素食，引起了麻烦，他还因此受到哥哥的责怪。富兰克林在那本宣传素食的书中学会了一些简单的料理，于是，他向哥哥提出，如果把每月伙食费的一半交给他，他愿意自己来料理伙食，詹姆士丝毫没有犹豫就同意了。这样一来，他还可以把哥哥给自己的伙食费缩减下来，用来买书，通常他的午餐是由一片面包或一块饼干、一块果馅饼或一把葡萄干、一杯清水简单地组合而成。詹姆士和其他人离开印刷所去吃饭时，富兰克林赶忙吃完自己准备好的午餐，利用剩下来的时间静静读书。素食不仅令他凑到了买书的钱和看书的时间，更令他的头脑时刻保持清醒，以至于他学习知识的进度更加神速。

上学的时候，富兰克林曾经有两次算术考试没有合格，这让他一直羞愧不已。利用这段时间，他找来柯克的算术书，打算认真地学习一遍。同时，他也读了舍尔梅和赛勒的关于航海的书籍，在书里还接触到一些几何知识。他还读了洛克的《人类的悟性》和波尔洛亚尔派的作者们写的《思维的艺术》。

为了文章写得更好，富兰克林努力地练习着，在阅读一本英语语法书时，后面有篇关于逻辑的简介在结尾处引用了苏格拉底的对话进行论辩的例子，引起了他的极大兴致。之后，他开始节约开支，买了一部诺芬的《苏格拉底回忆录》，书中收录了很多这种以对话进行论辩的例子。富兰克林认为这种方式比自己生硬而且独断的论辩方式要好很多，于是决定采用它，用谦逊的语气和对事物抱有怀疑的态度进行发问。这种方式让他在日后的争论中频频占据上风，但是不久，他又放弃了这种论辩方式，因为他发现这样做会令对手感到为难，于是他仅保留了用谦逊的语气表达个人意见的习惯。在遇到争论的时候，他不再用"一定""无疑地"等表示肯定的词语，而是用"我猜想""我料想""这件事情是这样的""为了什么理由""如果我没弄错的话"等等。这样的改变对富兰克林来说无疑是正确的、积极的，以至于他一生中许多次重要的谈判都能如他所愿。

虽然富兰克林仅上过两年学，但是这种近似于狂热的求知欲以及坚韧不拔的毅力，令他博览群书，充分地汲取着知识的养分，为其日后的人生奠定了扎实的基础。

4. 离开故乡

詹姆士的印刷所起步非常艰难。在这个仅有12000人的波士顿城，此前已有几家印刷所，同行业之间的竞争十分激烈。1719年，詹姆士承揽起印刷《波士顿邮报》的业务，这时生意才稍微有一些好转，但好景不长，仅仅印刷40期左右，这项业务就被竞争对手抢走。不甘心失败的詹姆士，决定创办属于自己的报纸。

1721年8月7日，在朋友的反对声中，詹姆士发行了自己创办的《新英格兰报》，报纸出版后由富兰克林送到城中的各个订户家中。印刷所的经济状况逐渐有些好转，原本反对詹姆士的朋友们也都改变态度，他们开始为报纸写些短文作为消遣，反响很好。报纸的声誉有所提高，销路也变得更加广阔。看到大家撰写的文章得到好评，富兰克林也按捺不住内心的激动想一显身手，但是哥哥不会同意自己在报纸上发表文章。

为了不让哥哥识破自己，富兰克林灵机一动，他想到给自己起个笔名，再改变自己的笔迹，一定可以瞒过哥哥的法眼。1722年4月2日，他为《新英格兰报》写了第一篇文章，等夜晚印刷所里的工作人员都离开后，他悄悄溜回来把稿子塞进门缝中。第二天，詹姆士开门时发现了那篇稿子，他自己看后觉得不错就把它拿给自己的朋友们看，文章得到大家的一致好评。詹姆士和朋友们试图找出文章的作者。大家猜想的人物竟全是当时有学识的知名人士，这样的评价让富兰克林暗自窃喜。虽然，对文章给予好评的人们也许算不上是很有眼力的专家学者，但是他们的评价足以让这个16岁的孩子在写作方面增强自信心。他又以同样的方式为《新英格兰报》撰写了几篇文章，赢得广大读者的一致好评。富兰克林一直保守着这个秘密，直到他用尽自己已经掌握的写这种文章所必需的常识，才不得不公开自己的身份。得知此事后，詹姆士的朋友对他大加赞赏，但是詹姆士却不再对富兰克林的文章发表评论，他觉得过度的称赞会令富兰克林变得自负。这让富兰克林觉得哥哥是如此的小气与自私。正是因为这件事，他们兄弟两人出现隔阂。1722年6月25日，富兰克林的作品停止发表，因为从这个月起，他们必须要面对一件很严重的事情。

詹姆士的《新英格兰报》自创刊以来，先后发表和刊登了多篇思想激进的文章，公开表示反对保守势力，这些文章引起当局的注意，他们一直等待时机除掉这个反动势力。这个机会出现在1722年6月11日，当天的《新英格兰报》刊登出一篇虚构的从新港寄来的信，信的内容是有人看到那一带海岸经常有海盗出没。报纸还透露一个消息：从波士顿得到通知说，马萨诸塞政府正在装备一艘由彼得·巴比伦船长带领的名叫飞马号的船去围堵海盗，如果天公作美，他将在本月出航。报纸发行后，马萨诸塞参事会以藐视当局为由下令逮捕詹姆士，他被关押在波士顿的石筑监狱里。一个月后，波伊尔斯顿医生以犯人的健康因囚禁而受到危害为由，为詹姆士争取到被释放的机会。

虽然富兰克林对哥哥有些意见，但他还是非常尊敬自己的哥哥，更加支持哥哥的所作所为。在詹姆士被捕的那段时间，富兰克林独自支撑起哥哥的事业，继续出版报纸，为了表示对当局的抗议，他还以笔名发表题目为《一篇伦敦杂志的摘要》的文章，文中写道："没有思想自由，就没有智慧这类东西；没有公众自由，这类东西就没有言论自由；这是每个人的权利，他不能损害或控制他人的这一权利……谁要颠覆一个国家的自由，必先压制言论自由。

"一段日子以来，我有这样一个问题：对一州而言，危害更多的是虚伪地声称忠实于宗教，但却公开地亵渎神圣的行动。对于这种性质的思想使我倾向于认为两者中伪君子更为危险，特别是假如这个人还占据着政府中的职位……如果在新英格兰我们有了或像是有了这样的例子，我们只有这样将欺骗者置于光天化日之下，使受骗者不再受骗……才能最好地证明我们对宗教和国家的爱。"

詹姆士出狱后，并没有一丝"痛改前非"的觉醒。《新英格兰报》依然保持着与保守势力对抗的风格。1723年1月14日，詹姆士的《新英格兰报》彻底地惹恼参事会，他们下令：禁止詹姆士·富兰克林继续出版《新英格兰报》或任何其他同类性质的文件或小册子，除非经过本省秘书核查通过。整件事的导火索是当天报上刊登的一篇文章，文中严厉地批评道："有很多人在表面上看来比一般人更信教，但在几件事情中却比那些声称一点也不信教的人表现得更加恶劣。"

事后，詹姆士邀请他的朋友们来印刷所共同商讨对策，有人提议更改报纸的名称，但这样做会带来更多麻烦。万般无奈之下，詹姆士决定用本杰明·富兰克林的名义继续办报。如此一来，詹姆士必须将原来签订的师徒合同作废，这样就不会引起州议会的刁难，指责詹姆士仍在操控自己的学徒出版这份报纸。同时，为了保障自己作为老板和师傅的权益，詹姆士又与富兰克林按照原来合同的内容签订一份新的秘密合同。《新英格兰报》以本杰明·富兰克林的名义依旧发行。

几个月后，富兰克林兄弟俩之间的矛盾日益升级，竟达到互不相让的地步。在詹姆士眼中，弟弟和其他普通学徒一样，应该尽心尽力地为自己服务，但是富兰克林则认为两人毕竟是亲兄弟，哥哥对待自己应该略好于其他学徒，而事实上哥哥总是有意无意地降低自己的身份，有时甚至对自己拳脚相加。富兰克林一直觉得这样的学徒生活令人厌烦，终日期望着可以早日结束这样的生活。

虽然詹姆士与他签订了一份秘密合同，但表面上已经解除了与他的师徒关系，而且在当时的形势下詹姆士绝不会公开那份秘密合同。于是，富兰克林常常利用旧合同已作废来维护自己的权利，这样的做法彻底惹火詹姆士。多年之后，富兰克林曾回忆说：

"当时利用哥哥的处境来摆脱学徒身份，确是有些乘人之危，但我会这么做是因为不满哥哥对我过于严格和暴虐。我想哥哥对我的粗暴专横的态度，也许是使我在后来的一生中对独断专横的强权怀有强烈反感的原因之一。"

当詹姆士得知富兰克林准备离开自己的印刷所后，他走遍城里的每家印刷所，请求老板们不要雇用富兰克林。天无绝人之路，富兰克林打听到三百英里之外的纽约有一家印刷所，于是他收拾好行囊打算去那里谋生。由于在富兰克林提前离开哥哥的印刷所这件事上，父亲站在詹姆士那边，所以公然离开波士顿行不通，父亲一定会阻止他，他只能偷偷地溜走。

富兰克林找到好友柯林斯商量此事，柯林斯帮他买通前往纽约帆船的船长，并告诉船长富兰克林令一个不正经的女孩怀了孕，现在女孩的亲友们正逼着他们结婚，所以富兰克林只能偷偷离开。

1723年9月末，富兰克林变卖一部分书籍凑到一点儿钱作为盘缠，踏上前往纽约的行程。

5. 费城我来了

如果富兰克林还像当初那样向往自由自在的航海生活，现在确是一个不错的机会。船抵达纽约后，富兰克林谢过船长，就急匆匆地来到印刷所，找到曾创办宾夕法尼亚的第一家印刷所的老板威廉·布拉福德。就在几年前，威廉·布拉福德把费城的店铺留给儿子，自己移居纽约。富兰克林向其说明来意后，布拉福德遗憾地说："这里的生意不多，人手已经够用，我不能雇用你，但是我儿子在费城的印刷所可能需要一名得力的助手，如果你愿意前往费城，他可能会雇用你。"

在纽约虽然没有得到工作的机会，但布拉福德的话却让富兰克林内心的希望之火又重新燃烧起来，刚刚来到纽约的富兰克林又马不停蹄地踏上旅途，前往一百英里外的费城。

由于身上带的钱不多，富兰克林只能选择一艘破旧但收费很低的船继续赶路。横渡海湾时，风平浪静的海面，瞬间刮起狂风，破旧不堪的船帆被撕得粉碎，无法按照原来线路航行的船被狂风吹向相反方向的长岛。惊心动魄的一幕刚刚落下，大家悬着的心还没有放下,一个喝得烂醉的荷兰乘客不慎落入水中,当他即将沉下水时,富兰克林凭借敏捷的身手,一把抓住他的头发,在其他乘客的帮忙下救起落水者。被救起后,荷兰乘客连忙请求富兰克林把自己口袋中的书弄干,富兰克林接过书一看,竟是自己最喜欢的作者约翰·班扬的《天路历程》的荷兰文译本,此书的印刷装订比他读过的原来版本更加精致:上等的纸张,精美的印刷,内附铜版插图。从此,富兰克林更加留意《天路历程》这本书,他发现这本书在欧洲已经被译成多种语言,可想而知它的读者非常广泛。富兰克林认为约翰·班扬把叙述和对话穿插在一起的写作方法,可以使读者产生身临其境的感觉,仿佛亲自参与书中问题的讨论,非常吸引读者。在约翰·班扬的影响下,富兰克林也曾模仿过这种写作方法。

虽然船渐渐靠近长岛,但他们无法靠岸,因为海滩附近的海浪汹涌澎湃。尽管不能靠岸,船长仍下令抛锚,等待岸上有人发现他们。在大家不抱一丝希望时,岸上有人对着船上的人呼喊,船上的人们兴奋地边高声呼叫,边做着手势,希望得到岸上人的救助。可是风浪声太大,谁也听不清对方在说什么,不一会儿,岸上的人就离开了。富兰克林和其他乘客只能期待风势减弱,除此之外,毫无办法。夜色将至,海风丝毫没有减弱的意思,大家挤在狭小的船舱里,浪花打在船头,水漏进舱里,没过多久,大家的衣服就全部湿透了。

在船上的一夜,富兰克林辗转难眠,终于盼到第二天黎明。船长说道:"大家应该很清楚,我们在水上已经度过30个小时,食物和水所剩无几,天黑之前,我们必须抵达阿姆波伊。"天公作美,海风渐渐减弱。富兰克林一行人顺利到达阿姆波伊,在这里他将行李等物品打包交由海路托运，减轻徒步跋涉时的负担。由于在海上着了凉，夜里，富兰克林发起高烧，没有亲人照顾，没有钱看医生，关键时刻救他一命的正是他脑海中的书籍，他想起自己曾经读过的有关偏方的书，照做后，出了大半夜的汗，高烧果然退去。

虽然大病初愈本该好好休息，但身上所剩无几的钱不允许富兰克林耽搁下去。他听说50英里外的伯林顿有船直达费城，于是他拖着疲惫的身躯开始向伯林顿徒步前行。经过一天半的长途跋涉，富兰克林终于到达柏林顿，但开往费城的定期船已启程离港，下一班船至少要等到三天后才会有。无奈之下，富兰克林只好返回城里。举目无亲的他幸好遇到曾向他卖过姜饼的老妇人，善良的老妇人请他到自己家里留宿，等候班船。富兰克林日夜兼程已经疲惫不堪，便接受了老妇人的邀请。休息过后，富兰克林来到河边散步，却意外地打听到一条船将启程前往费城，他果断决定跟他们一同离开。第二天早上，船在费城的市场街码头靠了岸。

这段时间，富兰克林一直忙于赶路，已顾不上自己的着装打扮，样子十分寒酸。他的现金也所剩无几，只剩下一元荷兰币和一先令左右的铜币。又饿又累的富兰克林在路人的指引下，来到面包店，买了三个面包卷，这里的物价低得出乎富兰克林的意料，他拿着三个分量十足的大面包卷，着实高兴了一会儿。富兰克林一边走一边狼吞虎咽地吃掉面包卷。

这时，街上聚集了很多人，并朝着同一方向行进。富兰克林也加入到人流中，被带到市场附近一所教友会信徒的大会堂，随后发生什么事，他不得而知。因为他疲倦的大脑早已进入睡眠状态。直至散会时，一位好心人叫醒他。

休整一天后，精神焕发的富兰克林来到安德鲁·布拉福德的印刷所。在这里，他意外地见到了老布拉福德。原来，老布拉福德从纽约骑马先赶到费城。命运似乎有意折磨这个历尽磨难的少年，小布拉福德告诉他说："在你赶来之前，印刷所已经雇到一个工人，因此这里不需要人手。"小布拉福德的话如同晴天霹雳般击中富兰克林，几天来的奔波突然间变成徒劳。但是，小布拉福德接着说："城里一家新开的印刷所或许可以雇用你。即使那家印刷所不要人，你也可以暂时留在那里，干些零活，直至找到工作。"听到这里，富兰克林悬着的心才稍微踏实一些。

老布拉福德带富兰克林来到新开的印刷所，在与老板凯梅尔交谈一番后，凯梅尔答应雇用富兰克林，但还要等上几天。这对富兰克林来说已经是最好的安排，他悬着的心终于放了下来。几天后，富兰克林就被邀请到凯梅尔的印刷所工作。对比两家印刷所和两位老板以后，富兰克林发现凯梅尔的设备破旧，布拉福德文化水平较低，半路出家做印刷行业。凯梅尔有些学识，偶尔也会写些诗，可是不太懂印刷。为他们干活，富兰克林对自己的技术充满信心。

凯梅尔在自己的房东里德先生家为富兰克林联系好了住宿的房间。富兰克林搬来时，竟发现这里就是他初到费城那天啃着面包经过的那家房屋，站在门口看到他那不堪模样的姑娘正是房东的女儿黛博勒小姐。这是他与黛博勒小姐的第二次见面，此时的他还不知道，这位黛博勒小姐将会成为他的终身伴侣。

在费城，富兰克林总算安顿下来。白天在店里做工，晚上与新结识的热爱读书的青年们聚在一起。一向勤俭的他还攒下一点儿钱，日子过得还算可以。离开波士顿已经有一段时间了，他的行踪只有柯林斯一个人知道，而柯林斯也注意为他保密。富兰克林在费城度过了第一个自由的冬天。不久后，一件突如其来的事打破了他和家人隔绝的状态，并让离家半年的他第一次返回故乡波士顿。

6. 父亲的决定

一天，富兰克林收到姐夫的一封来信。姐夫是一位往返于波士顿和特拉华之间的商船的船主，名叫罗伯特·霍尔莫斯，他在费城以南的纽卡斯尔听到关于富兰克林的消息，就写信到费城。信中提到家人对富兰克林离家出走的担心和对他的思念之情，并向富兰克林保证，只要回到波士顿，一切都可以按照他的意愿安排。在给姐夫的回信中，除了感激姐夫的善意劝告，富兰克林还向姐夫讲述了他离开波士顿的原因，希望得到姐夫的理解，明白他绝不是任性地离家出走。

富兰克林天真地以为这件事情会到此结束。两位不速之客的到来，彻底打破了富兰克林平静的生活。其中一位是费城所在的宾夕法尼亚州的州长吉斯，另一位是纽卡斯尔的弗兰奇上校。一天，吉斯州长与弗兰奇上校找到富兰克林，并邀请他同去酒馆叙谈。

富兰克林和吉斯州长、弗兰奇上校来到第三街拐角的酒馆，一边喝酒，一边谈话。吉斯州长告诉富兰克林说："我在纽卡斯尔遇到了你的姐夫，他向我提起你，并把你写的信给我看了。我觉得你是个有远大志向又才华横溢的青年，应当给予帮助和鼓励。费城的印刷所印刷质量低劣，只要你有志在这里创业，前途一片光明。我还可以帮助你招揽公文印刷生意，并在其他方面给予照顾。"弗兰奇上校也保证会利用自己的影响力为他招揽公家生意。富兰克林考虑一番说："我的父亲恐怕不会愿意帮我出资开办印刷所。"吉斯州长听后决定亲自写一封信让富兰克林带给父亲，相信可以说服他。商定具体事宜后，富兰克林决定返回波士顿。

1724年4月底，富兰克林以回乡探望父母为由，向凯梅尔请了假，带着吉斯州长写的信，踏上返回离别半年之久的故乡的旅程。两个星期后，富兰克林顺利抵达波士顿。这时，家人们还没有从霍尔莫斯那里听到富兰克林的消息，因此，当富兰克林出现在他们面前时，全家人都喜出望外，忙着问候他、款待他，除了詹姆士。

父亲看完吉斯州长的信，感到十分意外，慎重起见，他没有直接答复富兰克林。霍尔莫斯回到波士顿后，乔赛亚急忙向他打听吉斯州长的为人。霍尔莫斯极力支持州长，并指出这一想法具有可行性。但乔赛亚认为吉斯州长的考虑不是非常周全，富兰克林毕竟是一个尚未成年的孩子。因此，在给吉斯州长的回信中，乔赛亚首先向吉斯州长表示感谢之情，其次委婉地拒绝了此事。乔赛亚看到儿子可以从当地有名望的人那里得到这样一封充满赞美之辞的信，可以靠自己的勤勉在举目无亲的环境中安顿下来，感到非常欣慰与自豪。

在等候父亲做出决定的日子里，富兰克林看望了好朋友柯林斯。柯林斯听到富兰克林对外面世界的描述，决定也要离开这里。柯林斯辞去邮局的差事，先富兰克林一步出发，两人约定在纽约碰头，再同去费城。

由于詹姆士拒绝和解，乔赛亚允许富兰克林返回费城，但是并没有给他那笔钱。临行前，乔赛亚对富兰克林说："只要你辛勤劳动并节俭，三年后到你成年时，相信你有可能攒足资金去创业。到那时，如果你积蓄不足以创业，我会帮你凑足。"于是，在家人的祝福声中，富兰克林再一次踏上离家创业之路。

富兰克林赶到纽约，找到柯林斯，一同前往费城。回到费城，富兰克林把父亲的信交给州长，州长认为老富兰克林过于谨慎，并说："既然你父亲不愿帮你开业，我来帮你。你把需要从英国购买的东西列出一张清单，我去订购。等你有能力时再还给我，我决心要让这里拥有一家好的印刷所，而且我相信你一定会成功。"吉斯州长的诚意与决心深深地打动富兰克林，他立即列出一家小型印刷所所需的设备和物品，大约需要一百英镑。吉斯州长看后，提出由富兰克林亲自去英国选购，这样不仅可以检查设备的质量，还可以认识一些书商，为日后的事业铺路。在吉斯州长的安排下，富兰克林准备搭乘"安尼斯号"前往伦敦。"安尼斯号"是当时唯一往返于伦敦和费城之间的船，一年仅有一趟。

离"安尼斯号"启程还有几个月时间，富兰克林继续留在凯梅尔的印刷所做工。在此期间，富兰克林和柯林斯的友情日益恶化，并彻底决裂。这要归咎于柯林斯染上酗酒和赌博的恶习。在富兰克林离开波士顿的几个月中，柯林斯从滴酒不沾变成嗜酒如命。就在这次来费城的途中，柯林斯终日酗酒，并在赌博时输光了所有的钱，一路靠富兰克林接济。来到费城后，他的求职由于雇方看出他酗酒而屡次失败，只能靠向富兰克林借钱度日。富兰克林多次劝诫柯林斯，可是他仍无半点悔悟，两人争吵多次。后来，柯林斯因为一个偶然的机会找到一份家教的工作，雇主在西印度巴巴多斯群岛。临行前，柯林斯告诉富兰克林拿到工钱后就会寄给他，偿还之前欠下的债务，可是他离开后就再也没和富兰克林联系过。

幸好，爱情的甜蜜弥补了友情给他带来的痛苦。富兰克林与房东里德先生的女儿黛博勒开始恋爱，并且到了谈婚论嫁的阶段。但他们的这桩婚姻，却遭到里德太太的反对。里德太太认为他们太年轻，而且富兰克林即将前往英国办事，因此提出：如果结婚，必须等到富兰克林从英国回来并且开办自己的印刷所。爱情很甜美，富兰克林要用实际行动证明自己的真正能力。只有自己开办印刷所，才能与相恋的黛博勒结婚。

在生活中，富兰克林还结识了几位爱好文学的新朋友，其中与富兰克林交往最多的有查理·奥斯本、约瑟夫·沃森和詹姆斯·拉尔夫。他们四人约好每周的星期日一同去斯古基尔河畔的森林里散步，并轮流朗读自己的作品，然后大家进行讨论。友谊为他们带来快乐的时间并不是很长。几年后，沃森永远地离开了大家，让朋友们感到十分悲痛。随后，奥斯本也离开费城，到西印度群岛当上律师，虽赚了些钱，但也在年轻时去世。只有拉尔夫陪伴在富兰克林的身边，并一同前往英国。

7. 伦敦之行

开船的日期日益临近，富兰克林焦急地等待着吉斯州长的信件。这些信件，对于富兰克林来说十分重要，只有依靠它们的介绍和推荐，富兰克林才有可能从银行取到款项来实现此次远行的目的。吉斯州长一再延后交付信件的日期，富兰克林为此感到不安。开船前夕，富兰克林与吉斯辞行，顺便取走信件，州长秘书鲍尔德博士出来告诉他："州长正忙着写信，他会在开船之前赶到纽卡斯尔，把信件交给你，耐心地等待吧。"

富兰克林回到住处，黛博勒已等待多时，一番山盟海誓后，依然恋恋不舍，但最终不得不挥手作别。随后，富兰克林与朋友们道别，和拉尔夫一同登船离开费城前往英国。当船抵达纽卡斯尔时，富兰克林去找吉斯州长拿信，吉斯州长的秘书告诉富兰克林信已经送到船上。虽然富兰克林有些困惑，但只能回到船上继续等待。船逐渐驶入英吉利海峡，航程即将结束，富兰克林从信袋中翻寻吉斯州长的信件，却一无所获。

1724年12月24日，"安尼斯号"顺利抵达伦敦。惶恐不安的富兰克林找到在船上新结识的年长的朋友托马斯·德纳姆先生，把整件事情说给他听，请他帮忙出些主意。德纳姆听后，对富兰克林说："你一定是被吉斯州长骗了，他根本没有替你写什么信，而且他在伦敦也没有什么信用可言，根本无法向人做何推荐和担保。"对于吉斯州长的所作所为，富兰克林感到十分愤怒，尽管在任期间他政绩卓著，是位好州长，但他不应该毫不负责地欺骗一个涉世未深的孩子。

到达伦敦后，富兰克林才得知拉尔夫是不满妻子亲戚的作为，才离开费城前来英国。他并不是前来英国建立通信联系，而是寻找代销货物以赚取佣金。不管怎样，现在两人必须解决住所问题，最后在好心人的指引下，两人在小不列颠以低廉的价格租到一处简陋的住所。他们隔壁住着一位书商，在富兰克林的频频示好下，书商答应尽可能地让他借阅旧书。

为了继续生活并积攒回家的旅费，富兰克林必须要找到一份工作。听说，巴托罗缪巷的一家著名印刷所正在招工。于是，他决定前去应聘。印刷所的老板塞缪尔·帕尔默见他有些学识，不仅录用了他，而且还安排他为吴莱斯顿的《自然宗教》第二版排字。在排字过程中，他发现吴莱斯顿有些理论的论证并不充分，于是，他决定写一篇简短的哲学论文《自由与贫困、快乐与痛苦论》来批驳那些观点。这篇论文，不仅让富兰克林得到老板帕尔默的器重，还让他结识了一位叫莱恩斯的外科医生。后来，莱恩斯医生把富兰克林介绍给《蜜蜂的寓言》的作者伯纳德·曼德维尔和彭伯顿博士。从此，富兰克林开始和英国的知名人士有来往。

渐渐地，大都市的繁华让这两位年轻人眼花缭乱，拉尔夫已经把妻子和孩子抛到九霄云外，富兰克林似乎也忘记与黛博勒之间的山盟海誓。他只给黛博勒写过一封信，内容十分简短，说他短时间内恐怕回不去。事实上，富兰克林在这大都市花了眼。对此，富兰克林曾在回忆时这样说：

"我的负心是我一生中的重大错误。如果我能重回旧日生活，我愿尽一切可能改正这一错误。"

为了得到更好的发展赚更多的钱，富兰克林辞去帕尔默印刷所的工作，来到林肯协会广场的一家规模更大的印刷所工作。由于富兰克林品行良好且从不嗜酒，他很快从印刷车间调至排字间。他做事勤奋认真，深受老板赏识，因此，每当遇到一些急件时，老板都会派他处理，而这类工作的报酬通常比较高，他的生活水平也逐渐得到改善。他从小不列颠简陋的住处搬出，在公爵街天主教堂对面找到一处不错的住所，并和那家主人相处得非常融洽。

富兰克林在这家印刷所里结识到一位新朋友，他的名字叫威格特。威格特喜欢读书，懂些拉丁文，会说法语，有着很高的文化修养。在交往中，富兰克林教会威格特游泳，他娴熟的游泳技能博得威格特的赞赏，两人的友情逐渐加深。后来，威格特邀请富兰克林同去欧洲旅行，依靠在各地印刷所打工维持生活。富兰克林欣然接受了这一邀请。但是，德纳姆先生反对富兰克林实施这项计划。

来到伦敦有些时日，富兰克林从未中断与德纳姆先生的交往。每当富兰克林感到彷徨无助时，德纳姆先生总会开导他，并能为他提供很好的意见。富兰克林十分尊敬德纳姆先生，特别是对他的所作所为十分敬佩。起初，德纳姆先生是布列斯托尔的商人，几年前经商亏本，欠下许多债，幸好那些债主宽容他，没有将他逼上绝路。后来，他辗转到美洲，在那里做生意赚了一大笔钱。回到英国，他做的第一件事就是设宴款待那些债主，感谢他们当年的宽容。虽然，前来赴约的客人们没有其他意图，但是用过菜后，他们发现每个人的盘子下面都放着一张支票，面额正是德纳姆先生当年未能偿还的债款，还加上一些利息。

富兰克林敬重德纳姆先生的为人，更加尊重他的意见。德纳姆得知威格特的计划后，极力反对，劝富兰克林返回费城。他对富兰克林说："不久后，我将要回到费城，准备在那里开设一家商号，目前正在采购货物。如果你愿意来帮我，我可以雇用你做店员，替我管账、簿记、守店，只要你用心去做好，我就会提拔你，让你发财致富。但是现在我能给你的年薪只能是50镑宾夕法尼亚币。"富兰克林觉得跟随德纳姆先生有前途，即便是目前的报酬低于排字工人。他打算接受德纳姆先生的邀请，并做好永远离开印刷行业的准备。

结束了与德纳姆先生的交谈，富兰克林回到印刷所就辞去工作，日夜陪伴在德纳姆先生身边，做着回北美开店的各项准备工作。威廉·温达姆爵士听说富兰克林的游泳技艺非常棒，在短时间内教会了威格特，就在富兰克林离开英国的前几天，威廉·温达姆爵士特意派人前去请他教两个儿子游泳。为了表示诚意，他愿出重金。虽然富兰克林很需要这笔钱，但当时威廉·温达姆爵士的儿子都不在伦敦，况且离开英国的行期近在眼前，富兰克林只好婉言谢绝。也许是缘分，富兰克林注定要和威廉·温达姆爵士的一个儿子相识，不过，那是多年以后的事情。

1726年7月23日，德纳姆带着富兰克林从伯克郡的格雷夫森德登船，朝着北美洲的方向扬帆远航。这是富兰克林第二次航行在伦敦——费城航线上，同一年半前相比，现在的他有了明显的变化。人心的险恶、生活的艰难、外界的诱惑……不仅为他带来伤痛，而且也让他有所收获，他已变得十分成熟稳重。他不再是当初那个惊慌失措、对未来感到茫然的毛头小伙子，而是历经沧桑后没有被命运打倒，仍坚信前途似锦的自信青年。在两个半月的海上旅途中，除了看风景，富兰克林做得最多的是反思过去和展望未来：

"为了让自己在各方面都像一个有理性的动物去生活，我回顾一下这几年的生活经历，为未来规定如下几条戒律，要求自己遵守：

1. 在一段时间里我需要极其节俭，直到还清我所欠的债务；

2. 努力在一切场合说真话，不向任何人许下不可能履行的诺言，一言一行均以真诚为本，这是一个有理智的人最悦人的优点；

3. 要求自己勤奋致力于正在从事的行业，不因任何骤然致富的愚蠢计划而移志，因为勤劳和坚韧是致富的最可靠的途径。

4. 我绝对不议论他人的短处，即使是事实也不议论，而宁愿找些理由去原谅我听到的他人的过错，并在适当的场合尽我所知地谈所有人的长处。"

虽然这些话原本是为他即将开始的新生活写下，但是富兰克林却信守一生。

第二章 成家立业

1. 重操旧业

1726年10月11日，从伦敦方向来的载着富兰克林一行人的船驶过纽卡斯尔，这意味着旅途即将结束。在旅途日记中，富兰克林这样写道：

"天气格外晴朗，太阳用它温暖明亮的光辉照耀我们僵硬的四肢。灰色的天空上，点缀着一些银色的云。林中吹来的清新的风使我们精神振奋。在如此之长、令人厌烦的禁锢之后，近在眼前的自由，让我们欣喜若狂。所有的一切加在一起，使这一天成为我有生以来最愉悦的日子。"

回到久违的美洲故土，富兰克林满心欢喜，对未来的新生活更是充满期待。回到费城后，德纳姆在水街租下一家店面，出售从伦敦购回的货物，富兰克林一边照料生意，一边向德纳姆学习记账。经过一段时间的学习后，聪明勤奋的富兰克林已经完全掌握做买卖的技巧。在外人看来，两人配合得天衣无缝，如同父子一般。可是，好景不长。次年2月，德纳姆和富兰克林两人相继生病。富兰克林患上肋膜炎，病情一再加重，死神频频向他招手。独在异乡的他，身心承受着无法言喻的痛苦，与死神搏斗的那段日子，富兰克林消瘦了好多，幸好顽强的生命力将他从死神身边拽了回来。经历病痛的折磨后，一场生死离别又悄悄上演。德纳姆没有富兰克林那样幸运，他一病不起。按照他的遗嘱，铺子由他的继承人接管。德纳姆的离去，令富兰克林十分痛心，也给他带来沉重的打击。从英国回来的美好憧憬瞬间消失，刚刚从病魔那里捡回一条命的富兰克林不得不重新规划自己的人生。

前来费城办事的姐夫霍尔莫斯劝富兰克林重操旧业，从事印刷业谋出路。凯梅尔得知这一切后，愿出很高的薪水，邀请富兰克林回他的印刷所，帮他管理印刷方面的生意，以便他专心经营新开不久的文具店。由于短时间内找不到更合适的工作，富兰克林决定接受凯梅尔的邀请，成为一名印刷所的负责人。

在凯梅尔的印刷所里，富兰克林负责联系、安排印刷业务，教授徒工们印刷技术。他还凭借自己在伦敦两家印刷所工作的经验，试着替印刷所铸造铅字，制造油墨，同时兼任仓库保管员一职。虽然富兰克林心里明白，徒工学成出徒之时，也是他离开印刷所之日，但他还是毫无保留地向大家展示着自己的一技之长，他的做法得到徒工们的一致认可。

半年后，印刷所里其他工人的技术已逐渐成熟，凯梅尔觉得富兰克林已经不是十分重要，就开始不再殷勤地对待富兰克林，而是经常摆出老板的架子，工作上吹毛求疵、百般挑剔。富兰克林猜想凯梅尔肯定是由于经济状况出现问题导致心情不好。因此，富兰克林对他一再容忍，依旧努力工作，直到有一天，他终于忍无可忍。

那一天，富兰克林像往常一样在二楼的印刷间里工作，忽然街上传来一阵喧嚣声。富兰克林把头伸出窗外，看看发生了什么事情。恰巧，这一幕被凯梅尔看见，他立即冲上二楼指责富兰克林工作不专心，严厉的斥责声引来街上行人围观，这使富兰克林感到十分恼火。凯梅尔并没有就此罢休，接着对富兰克林指手画脚，忍无可忍的富兰克林跟凯梅尔争吵起来，凯梅尔要解雇富兰克林。富兰克林也不甘示弱，决定不用等他解雇就自己走人。紧接着，富兰克林拿起帽子，决意要离开印刷所，走出大门前，富兰克林吩咐工人梅莱迪斯把他留在这里的个人物品送到他的住处。

晚上，梅莱迪斯按照富兰克林的吩咐，把东西送了过来。梅莱迪斯是个拥有威尔士籍的宾夕法尼亚人，现年30岁。他也喜欢读一点儿书，唯一的缺点是爱喝酒。在印刷所工作期间，他非常敬佩富兰克林。当晚，他告诉富兰克林说："既然你离开凯梅尔的印刷所，我也不想在那里工作了。我听说凯梅尔的债务已和他的资产等额，而且他不善经营，将来难免倒闭，到那时候一定会有可乘之机。"富兰克林原本打算返回波士顿，可是听梅莱迪斯这么一说，自己开业的念头又浮现在他的脑海中。目前最大的困难是没有资金。梅莱迪斯了解富兰克林的难处，接着说："我和凯梅尔的合同明年春天就会到期，那时我在伦敦买的印刷机和铅字就会送到。我的技术不好，如果你愿意，我出钱，你出技术，获得利润，我们平分。"梅莱迪斯知道他的父亲非常信任富兰克林，曾透露表示愿意资助他们合伙开业。

富兰克林打消回家的念头，决定接受梅莱迪斯的意见。计划得到老梅莱迪斯的同意后，富兰克林列出一张需要购买设备的清单，老梅莱迪斯交给一名商人去订货。大家约定，在机器运到前不能走漏风声。

这期间，富兰克林要在别的印刷所找些活干。正当富兰克林苦苦寻找工作之时，凯梅尔寄来一封信，信中的语气非常谦和，说多年的老朋友不该像小孩子一样，为一时之气就永不往来，希望富兰克林能回去继续工作。正当富兰克林百思不得其解时，有人向富兰克林透露说："凯梅尔有意承揽新泽西印纸币的生意，需要你为他制造雕版，铸造所需的铅字，他也担心自己的对手布拉福德会雇用你。"

富兰克林本不打算再为凯梅尔做事。可是，在梅莱迪斯的百般劝说下，他还是回到凯梅尔的印刷所。为促成那笔生意，富兰克林和凯梅尔一起前往伯林顿，商量具体事宜。在伯林顿停留的三个月中，富兰克林极高的文化修养得到新泽西监管纸币发行印刷委员会成员的青睐。他还结识了该州测量局局长爱瑟·迪科、法官爱伦、州议会秘书萨穆尔·布士特尔、议员约瑟·库柏和爱瑟·皮尔逊。在富兰克林以后的生活中，他们都曾给予过莫大的帮助。

1728年初，老梅莱迪斯托人从英国订购的印刷设备运达费城。富兰克林和梅莱迪斯辞去凯梅尔印刷所的工作，并在市场街租一处房屋，年租金24镑。为减轻租金负担，他们招到爱好数学的釉工汤麦斯·戈德弗雷同住。

安装好印刷机，一切准备就绪。历经千辛万苦，富兰克林期盼中的印刷所终于开张。

2. 组建共读社与道德党

1727年秋，富兰克林不满凯梅尔的作为离开印刷所后，他和几个朋友共同组织筹办一个互相交流和切磋知识的团体——共读社。

共读社的成员没有身份限制，除了富兰克林和梅莱迪斯外，还有两名成员也是凯梅尔印刷所的工人，一个是乔治·韦伯，性格温厚，谈吐不凡，但天性懒惰，原是牛津大学学生，因欠债被迫成为凯梅尔的契约奴。另一个是史蒂芬·波茨，聪明、有幽默感，但有些散漫。最早加入共读社的社员还有来自各行各业的人：约瑟夫·布伦特纳尔是公正事务所的书写人员，脾气好、重情义，喜爱诗歌阅读和创作；托马斯·哥德弗雷是一个自学成才的数学家，对自己的专业有很深的研究，对数学以外的人情世故一无所知，在交谈中他要求每句话绝对正确，常为一些小事争吵，弄得大家不欢而散，不久他就离了开共读社；尼古拉·斯科尔是一位测量员，后来当上了测量局局长；热爱读书和写诗的威廉·帕尔逊是一位鞋匠，喜欢读书，精通数学，后来也成为测量局局长；威廉·毛格里奇是一位优秀的细木匠，成熟稳重，做事严谨；罗伯特·格雷斯——有钱的年轻绅士，慷慨大方，不拘小节，爱交朋友，喜欢开玩笑；威廉·科尔曼——商店店员，头脑清醒冷静，心地善良，品行端正，后来成为很有名望的商人，也是宾州的检察官之一。

共读社的大小事务常由富兰克林组织安排，他是共读社的组织者。在筹划团体活动时，富兰克林效仿"邻里互助会"的做法，拟好一些讨论的题目，每周五大家聚在一起讨论那些问题。"邻里互助会"是波士顿的一所教堂的一个会社组织。1728年，富兰克林为共读社拟定的《会章》开始施行。《会章》规定每名社员轮流准备一两篇研讨关于道德、政治或自然哲学问题的论文，供大家在会上讨论；每隔三个月要宣读本人的习作一篇，题目任选。讨论由会长主持，以探求真理为目的，而不是为争辩或以求胜的态度来进行。

为防止社员情绪过于激烈扰乱讨论进程，《会章》还规定：正面提出意见或直接反驳他人意见均视为犯规，要缴付一定数额的罚款。

起初，他们在一家酒馆里聚会，为使共读社长久进行下去，他们租下格雷斯的一个房间。如果天气允许，他们每月都要到野外举行一次聚会来讨论问题。每年还要在歌声和祝酒声中聚一次餐。在探讨学问之余，共读社也经常搞一些联谊的活动。通过富兰克林的努力和大家的共同维护，共读社这个小团体活跃了近30年。

共读社不但让这些热爱文学的人们增长很多知识，还让他们的业余生活变得更加丰富，有越来越多的人想参加这一社团，但都遭到富兰克林的拒绝，因为他已经酝酿出一个更好的办法。富兰克林提议每名社员独自组织一个公社，活动方式与共读社相同，不过，它们与共读社的关系不能公开。富兰克林的提议得到大家的一致同意，组织分社的活动就此开始，最后成功的却只有五六个分社。

对于组建分社一事，富兰克林曾回忆说：

"这样做可以让更多的青年人通过我们的社团得到提高；也方便我们了解不同人群的想法，因为共读社的社员可以在分社中提议讨论我们讨论研究的题目，并向共读社报告各分社讨论的经过，所以我们可以听到来自不同阶层的声音；通过广泛的推荐和介绍，也可以增进我们各人的业务成绩；把共读社的主张和看法传播给各分社，还可以增强我们的政治影响力和为社会服务的力量。"

正如富兰克林所言，在后来发生的一些特殊事件中，这些分社发挥着影响公众舆论的作用。

同社员们探讨各种问题时，富兰克林的脑海中经常浮现出一些问题：人在社会历史发展中起着怎样的作用？怎样起作用？怎样保证人在社会生活和人际关系中有正当的表现，并有利于社会进步？为了寻求这些问题的答案，富兰克林苦苦地思索。

1731年5月的一天，富兰克林在阅读一篇历史类文章时，突发感想：

"政党无疑影响着世界大事、战争、革命等等；政党的观点往往代表着他们当时的利益；不同政党之间的不同观点很容易引起混乱；当一个政党在制定政纲时，党内每一成员又都怀有他个人的私欲；在政党达成它的大目标后，它的成员就开始为自己牟取私利，错综复杂的个人利益一旦产生矛盾，政党就会分裂，发生混乱；很少有政界的人会纯粹地为国家利益而有所作为，为人类利益服务的人就更少见。

"现在非常有必要把各国有道德、有良知的人集合到一起，组成一个正规的团体，可以称之为'联合道德党'。党员要遵从英明、妥善、适当的党章。和普通人服从法律相比，这些人应当更自觉地遵守这个党章。

"如果由一个有声望和资历的人来组织这样的党，他一定会得到上帝的庇佑而成功。"

富兰克林打算在闲暇的时候，开始筹备这项工作。同时，为帮助人们完善自身的品德，富兰克林提出13条应该遵守的德行：

1. 节制。食不过饱；饮酒不醉。

2. 沉默寡言。言则于人于己有益，不作无益闲聊。

3. 生活有秩序。物品摆放有序；各项日常事务应有一定的处理时间。

4. 决断。事情当做必做；既做则坚持到底。

5. 俭朴。花钱须于人于己有益，即不浪费。

6. 勤劳。不浪费时间；每时每刻做有用之事，戒除一切不必要的行动。

7. 诚恳。不欺骗人；思想纯洁公正；说话应诚实。

8. 正直。不做不利他人之事，切勿忘记履行对人有益的义务且不能伤害他人。

9. 中庸。勿走极端；受到应有的处罚，应当加以容忍。

10. 清洁。身体、衣服和住所应力求清洁。

11. 宁静。勿因琐事或普通而不可避免的事件而烦恼。

12. 贞节。切戒房事过度，勿伤害身体或有损自己或他人的安宁或名誉。

13. 谦虚。效法耶稣和苏格拉底。

在此基础上，富兰克林打算为未来的"道德党"写一部《道德的艺术》，作为其基本信条，但繁忙的事务始终占据着他的时间，这一计划未能付诸行动，道德党更无暇组建，然而对于那13条应该遵守的德行，他却一直坚持实行。他为自己制作了一本小册子，在上面标明日期和13条德行，每天检查、反省自己的不足之处，坚持一段时间下来，竟得到意想不到的效果。富兰克林对自己这种修身养性的方法感到十分满意。79岁的富兰克林回忆此事时，写道：

"我的后代应当知道他们的祖先一生中持久不变的幸运，直到他79岁写本文时为止，全靠这一小小的方法和上帝的祝福。他的健康和强健结实的体格归功于节制；他早年的境遇之所以安适，他之所以会获得财产及一切使他成为有用的公民并使他在学术界得到一定声誉，应当归功于勤劳和俭朴；国家对他的信任，以及国家授予他的光荣职位，应归功于诚恳和正直；他的和气，以及他谈话时的愉快率直，应归功于这些品德的综合影响，尽管他没能达到完美的境界。由于他谈话时的愉快率直，使他直到晚年仍受人们的欢迎，包括年轻人也非常喜欢跟他交往。因此，我希望我的子孙中有人也会和我一样，取得有益的效果。"

在富兰克林看来，人们应当注意自己的道德品行，只有德行端正的人才能获得事业上的成功，只有德行端正的人在服务社会、报效国家时，才能保证公民与国家利益不受侵害。这些也正是他一直苦苦追寻的答案。

3. 机会永远垂青有准备的人

1728年，费城的文化氛围异常淡薄。市民对书籍的需求变低，除了神学小册子和宣传品，其他书籍很少被卖出，印刷品几乎没有。就在富兰克林和梅莱迪斯离开凯梅尔时，他的印刷生意已朝不保夕。他最大的竞争对手布拉福德凭借其费城邮政局长的位置，安排邮差为其递送报纸，还凭借其官方印刷所的条件承揽一些官方业务，如：印刷法律、公文、宣言、讲话等，以至于他的印刷所处于不败之地。市场的不景气可以预见，在这种情况下，富兰克林和梅莱迪斯依旧准备在城里开第三家印刷所。

所有人都不看好这家印刷所，认为它生存不了多久就会倒闭。富兰克林暗下决心，不仅要生存下来，还要站稳脚跟、取代对手。

他对自己信心十足：我不仅是一名出色的印刷工匠，还是一名优秀的写作者；我有共读社那些生死之交的社友支持；我有毅力、有雄心……

印刷所刚刚开张，共读社的布伦特纳尔为富兰克林揽到一笔生意：为教友会印刷他们历史书中的40印张。其余部分被凯梅尔承接过去。万事开头难，为了打响印刷所的知名度，吸引到更多顾客，富兰克林只收取教友会很少的费用，并尽最大的努力完成得又快又好。富兰克林负责每天排一大张，梅莱迪斯负责将它印出来，当富兰克林为第二天的工作做好准备时，通常已是深夜。一天夜里，富兰克林排好版，准备下班时，不小心碰坏了其中的一版，有两页的活字全部混乱。富兰克林见状，丝毫没有犹豫，马上拆版，接着重新排好，直到凌晨完成全部工作后，他才回家休息。勤劳、认真的工作态度使他们的活完成得又快又好，不久，他们的印刷所就在顾客中竖起口碑、赢得信誉。一天，有人主动找上门来，要提供文具让他们代销，但是刚刚打开印刷市场的富兰克林并没打算这么早就涉足其他经营项目。

布拉福德的《美洲信使周报》是当时费城唯一一家报纸，尽管内容枯燥乏味，仍能获得丰厚利润。富兰克林凭借自己曾为波士顿的一家报纸工作过的经验，跃跃欲试，开始计划自己办一份报纸。不幸的是共读社的社友乔治·韦伯向凯梅尔泄露了这一消息，于是，办报的消息被凯梅尔抢先一步宣布。1728年12月，凯梅尔的报纸《一切艺术和科学的大众指导书：宾夕法尼亚报》第一期问世。得知自己的想法被社友透露给自己的对手，富兰克林非常气愤，就以《好事者》为总题目，在《美洲信使周报》上连续发表了几篇有趣的文章。富兰克林诙谐幽默的语言风格，吸引了大多数读者的注意力。凯梅尔的报纸原本订户就不多，他又写不出富兰克林那样吸引读者的文章，又不善管理，报纸的业绩一天不如一天。终于在9个月后，凯梅尔由于债务缠身，将报纸低价卖给富兰克林，印刷所也变卖给自己以前的学徒大卫·哈里。

1729年10月2日，富兰克林的报纸《宾夕法尼亚报》开始发行。他在报上刊登一些自己撰写的幽默的讽刺小品，偶尔会发些广告，也会给作为编辑的自己写信，转载国内外的新闻，摘要转登《旁观者》或其他有关伦理道德的文章，但他拒绝刊登带有诽谤性和人身攻击意味的文章。他尽量不去评论市政当局和宗教事务，以免重蹈哥哥詹姆士的覆辙。

凯梅尔已经离开费城，富兰克林将要面对更为强大的竞争对手布拉福德。布拉福德利用邮政局长的职权之便，不许邮差投递《宾夕法尼亚报》。富兰克林唯有偷偷贿赂邮差，帮助自己将报纸送到订户家中。两个人明争暗斗一段时间后，富兰克林终于迎来机会：布拉福德把州议会向州长的请愿书印得极其粗劣，而且错字连篇。富兰克林主动将它重新印过，然后给每一名议员寄去一份。精美的印刷质量成功地说服众议员，议会上议员们一致决定，把下一年度宾夕法尼亚州的政府文件交由富兰克林和梅莱迪斯的印刷所承印。

从印刷所开业以来，所里的大小事务几乎都由富兰克林负责，梅莱迪斯不但重新喝起酒来，还染上赌博的恶习。朋友们都认为富兰克林不应该继续和这样的人合作，但他不想做忘恩负义之人。尽管富兰克林一直保持合作的态度，但不久后发生的事让他们不得不解除合伙关系。

按照最初约定，老梅莱迪斯应支付印刷设备的费用，但老梅莱迪斯在支付100英镑后已经无法再拿出钱，而且还欠一个商人100英镑。近日，商人向法院提起诉讼，印刷所面临倒闭的危险。共读社社友科尔曼和格雷斯愿意帮富兰克林垫付所需款项，条件是他必须单独经营印刷所。富兰克林不忍提出散伙，直到实在无法筹集到偿债款，富兰克林才对梅莱迪斯说，如果老梅莱迪斯愿意偿还欠款，自己愿意退出印刷所，离开此地。梅莱迪斯告诉富兰克林，他父亲的确没有能力偿还欠款，他本人对经营印刷所知之甚少，如果富兰克林愿意承担印刷所的债务，并把其父垫付的100英镑归还，他打算放弃印刷所回到北卡罗来纳务农，富兰克林答应了梅莱迪斯的要求。办完手续后，梅莱迪斯就匆匆离开此地。自此之后，富兰克林成为印刷所的独立业主。并于1732年5月11日，发行他独自经营后的第一期《宾夕法尼亚报》。

在努力偿还欠款的同时，富兰克林还注意树立自己在公众心目中的良好形象。为了获得名誉和声望，富兰克林不仅勤奋节俭，还非常注意自己的言谈举止。他衣着简朴，不参加无益的活动，不制造或传播闲话。回忆自己那段时间的生活，富兰克林曾说：

"为了表示我不以自己的行业为耻，我经常把从纸店买来的纸张装在独轮车上自己推回家。如此一来，人们认为我是一个勤劳上进的青年，守信用、不拖欠，所以进口文具用品的商人非常欢迎我前去光顾，还有一些商人也想托我代销书籍。"

1729年初，宾夕法尼亚出现了关于发行纸币的争论。大部分人强烈要求增发纸币，但极少数有钱人反对，害怕纸币贬值，影响自己的利益。富兰克林极力赞同发行纸币，为此还匿名撰写发表一本小册子，名为《试论纸币的性质和必要性》，它的出版对发行纸币的议案得以通过，起到间接促进作用。

1730年，州议会通过发行纸币这一议案，由于富兰克林的贡献，议员们决定将纸币的印制任务交由他负责。不久，他的朋友汉密尔顿帮助他揽到承印纽卡斯尔的纸币、政府法律以及选票的生意。这两项业务，利润十分丰厚，令富兰克林资金紧张的状况得以改善。为了更好地利用手中的资金，富兰克林开了一家小文具店，出售空白单据、纸张、羊皮纸和商贩用的账簿等等。勤劳、细致的经营使富兰克林的生意蒸蒸日上。

艰难与困惑并没有打压住这位强者，而是带给他更加珍贵的财富，经历过种种磨难，富兰克林变得成熟起来，性格和毅力也变得更加坚韧顽强，克服困难、积极进取的能力和勇气也与日俱增，这些都成为他日后取得成功不可或缺的要素。

4. 有情人终成眷属

年满20岁的富兰克林思想、性格、身体逐渐趋于成熟。现在的他高五英尺十英寸，头颅硕大，褐色的长发覆盖着饱满的额头，大而有神的灰色眼睛，结实的臂膀，灵巧的双手。他穿着整洁俭朴，举止稳健，总是给人一种庄重、沉稳的感觉。经过艰苦的创业阶段，富兰克林的事业已小有成就，但在感情上却一波三折。

从伦敦回到费城的当天，富兰克林就去看望心爱的姑娘黛博勒·里德。穿越狭窄的街道，来到熟悉的门前，等待他的却不是甜蜜和幸福，而是一个残酷的事实——苦苦等待没有结果，里德先生决定把黛博勒嫁给一名手艺高超的陶工，名叫罗杰斯。黛博勒并不喜欢她的丈夫，婚后黛博勒还发现罗杰斯为人卑劣、不务正业，是个不折不扣的无赖，而且早有妻室，黛博勒拒绝使用丈夫的姓氏。婚后不久，他们就开始分居。后来罗杰斯负债潜逃，传言说他逃到西印度群岛后不久就死在那里，留给黛博勒的只有一笔债务和心酸痛苦的回忆。富兰克林对此感到十分内疚，他认为自己当年的负心造成了黛博勒的不幸。如今大错已铸成，后悔也无济于事，在富兰克林的心里除了内疚，更多的是失落与惆怅。

或许是想利用繁忙的工作来填补对黛博勒的思念，富兰克林更加专注于自己的事业。尽管如此，他还是会不由自主地来到那扇熟悉的门前，去探望同样受尽折磨的黛博勒。富兰克林曾想把她当作自己的妹妹，但心底里的爱不允许他那么做。此时，跟富兰克林同租住一幢房子的戈德弗雷太太觉得富兰克林是一个才华横溢的年轻人，有意为富兰克林和她的侄女做媒，经常安排他们一起吃饭、聊天。开始时，富兰克林只是敷衍了事，相处久了，竟对她产生好感。在戈德弗雷太太的精心安排下，富兰克林向姑娘求了婚。有生以来的第二次求婚，不是以鲜花礼品相衬，而是向对方提出得到一百英镑的陪嫁，帮助他还清印刷所的欠款。他的这一举动惹恼了姑娘一家，女方没有答应，婚事也就此告吹。戈德弗雷一家也因此事感到不爽，一怒之下，搬出这栋房子。

第二次求婚的失败，令富兰克林的感情生活变得空白，无聊困惑充斥在他的周围。同时，富兰克林意识到，大部分人会认为印刷业是无利可图的行业，因此，自己要想娶到一位即合心意又能带来一笔嫁妆的妻子简直比登天还难。这段时期，年轻的富兰克林与几个沦落风尘的女子有过一夜风流，以图一时的欢愉。后来，他常为这种事感到后怕。

富兰克林开始期盼建立一个属于自己的家，老天还是眷顾他的，不久后就出现一个机会。由于里德先生不幸去世，里德太太常请富兰克林去家里商量一些事情。他们在谈及黛博勒时，里德太太把责任都揽到自己身上，后悔不该阻拦他们结婚，言语中透露着渴望他们重新一起生活的意愿。原本富兰克林想要忘掉黛博勒，但他没能做到，如今有了里德太太的支持，重新追求黛博勒的想法在他的脑海里萦绕，他终于明白，真正的爱情是刻骨铭心、难以忘怀的。

1730年9月1日，有情人终于结为眷属。由于罗杰斯另有妻室和罗杰斯已死在西印度群岛这两件事都难以证实，所以他们没有在教堂举行婚礼，只是按普通法律结婚。他们的结合十分和谐美满，富兰克林才华洋溢、博学多才，具有强烈进取心，并且有吃苦耐劳、坚韧不拔的毅力和远大的志向。黛博勒品貌端庄，办事认真仔细，是一名持家理财的能手，是富兰克林的好帮手和贤内助。对于黛博勒，富兰克林后来回忆说：

"她是一个善良而忠实的伴侣，全力地帮助我照料铺子，在我们的共同努力下，铺子变得兴旺起来，我们一直相互安慰体贴。"

在富兰克林夫妇的共同努力下，他们的家庭变得富裕起来。婚后不久，富兰克林家迎来了第一个孩子，是个男孩，取名为威廉。两年后，黛博勒又生下一个男孩，取名叫弗朗西斯·福尔吉尔，不幸的是，弗朗西斯4岁那年因患上天花而夭折。1736年，富兰克林的侄儿詹姆士从新港被带到这个家里。1743年8月31日，富兰克林的女儿萨拉降生。富兰克林的家庭梦想终于成为现实。

5. 热心公益

1730年，富兰克林提出他人生中的第一项公益事业计划。最初，他提议大家把各自的书籍集中到一起，放在聚会的地方，既方便大家在讨论时查证书中的内容，也让大家有机会利用其他成员的书籍。大家听后都非常赞同，一致决定下次聚会就把书带来。但是，由于无人负责管理，借阅起来并不是十分方便。因此一年以后，大家又纷纷把自己的书拿回家去了。

这时，富兰克林提出建立一个订阅图书馆的计划，并请公证人查理·布劳克顿写了订阅合同条款。合同规定，订阅户第一年要先付40先令，作为第一批购书费用，以后每年出10先令，用来添置新书，合同期限为50年。

到了1731年7月1日，有50个订阅户签订合同。1732年10月，图书从伦敦被运来，安放在共读社的成员普特的几间房子里。每周星期三的下午两点到3点和星期六的上午10点到下午4点会有图书管理员负责帮助大家借阅图书。所有文明的绅士都可以来这里借阅图书，但能够把图书拿回家阅读的就只有订阅户。在富兰克林的努力和大家的帮助下，图书馆逐渐发展壮大。1740年4月，图书馆正式迁入州政府的一间屋子。1769年，图书馆合并吸收费城的其他几家图书馆。由富兰克林提议创办的图书馆已然成为北美图书馆的鼻祖。

1732年，对富兰克林来说是忙碌的一年。他不仅提议创办美洲第一所订阅图书馆，出版发行独自经营后的第一期《宾夕法尼亚报》，还出版了一部风靡一时的历书。

历书是排列月、日、节气等供查考的书，主要用来计算日期；人们还可以查到季节的变换、月亮的圆缺、潮汐的涨落；有些历书上面还有诗歌、谚语、笑话、食谱、各种奇闻怪事，供人们消遣娱乐；孩子们可以通过历书学习识字；在历书的每页还有一处空白，供人们记些琐事。历书是最畅销的出版物，即使是没有文化的人家也少不了它。一部优秀的历书可以为出版者带来丰厚的利润，也可以使编者声名远播。富兰克林也出版过历书，其中有托马斯·哥德弗雷的历书、约翰·杰尔曼的历书，现在他更想出版一本自己编著的历书。

1732年12月19日，富兰克林出版发行自己编著的下一年历书，名为《穷理查历书》。此时，其他出版社的历书早已上市，但富兰克林凭借自己的才智，把诙谐幽默的语言、生动活泼的编写手法运用得淋漓尽致，使他的历书受到更多人的青睐，在三周内就印刷三次，价格也从原来的5便士提高到10便士，仍供不应求。

编写《穷理查历书》，富兰克林还有一个更重要的用意，他认为这是在平民百姓中间进行教育的最恰当工具。因此，他把箴言、成语、名言警句等印在历书中重要日子的页面空白处，例如："一个今天胜过两个明天""贫穷者企求部分，奢侈者企求很多，而贪婪者则企求全部""涓滴不息，可以穿石""人不占有财富，是财富占有人""贪婪与幸福从未谋面，并且永不相识""富人不浪费，浪费非富人""没有丑陋的爱情，也没有漂亮的囚犯""吃使自己满足，穿使他人愉悦""善待朋友可以保住朋友，善待敌人可以争取敌人""崇拜是无知之女"……以此来激励人们勤俭节约、积极努力、坚持不懈、学会珍惜。

富兰克林还在《穷理查历书》的格言中经常提到妇女，如："小小的房屋丰盈，小小的田地耕深，小小的妻子称心，是真富人""没有妇女和火光的房屋犹如没有灵魂和精神的身躯""结婚前睁大双眼，结婚后双目半合"……

富兰克林费尽心思搜集的格言，经过整理，巧妙地编写进历书当中，借由历书把这些内容涵盖人们的日常生活、学习、工作等方面，蕴含着浅显易懂、真诚朴实的哲理和智慧，送给读者，果然收到超乎寻常的效果，给人们留下深刻的印象。《穷理查历书》和1748年以后的《穷理查历书修订本》大受欢迎，长达25年之久，直到1757年，富兰克林受托赴伦敦为北美的权利进行交涉，才忍痛终止历书的编写工作。该书不但风靡美洲，而且风行欧洲，各家报纸纷纷予以转载，各界人士竞相购买不同译本的历书，作为馈赠亲友的佳品。《穷理查历书》已成为人们不可或缺的精神食粮和生活必需品。

《穷理查历书》不仅给富兰克林带来丰厚利润，也为他赢得巨大的社会声誉。相邻的特拉华、新泽西和马里兰等地的出版商纷纷向富兰克林抛来橄榄枝，他在印刷出版业声名鹊起，越来越多的人开始阅读这位费城才子的书刊和报纸。如今，富兰克林已经不用为生计而疲于奔波。他把印刷所的事务全部委托给大卫·霍尔先生代理，这样一来，他就有更多的时间和精力，进行科学研究和从事为公众服务的事业。

第三章 投身公益事业

1. 致力于公共事业

事业上获得成功后，富兰克林开始把注意力转向为公众谋利益的公共事业上来，这是富兰克林人生经历中最为重要的一个转折点。

要想更好地了解其他国家文化、拓宽知识来源，学习他国语言显得格外重要。1733年，富兰克林开始学习外国语。先后学习法语、意大利语、西班牙语、拉丁语和德语。相比之下，几种外国语言中，富兰克林掌握得最好的是法语，既能读又能写，其他几种外国语言则只能阅读。

1735年2月4日，富兰克林在《宾夕法尼亚报》上发表名为《论保护城市不受火灾》的论文，告知人们警惕酿成火灾的各种疏忽以及防火须知，并提议组建一支救火队。市民阅读文章后十分赞同富兰克林的意见，不久，一支由30人组成的自愿救火队成立。组队合同要求：每名队员必须持有一定数量的皮桶、绳索、结实的袋囊和装运东西的箩筐；一旦发生火灾必须及时把它们运到现场；实行轮流值班制度，以防意外；每月救火队会开一次例会，大家在一起探讨关于防火的心得看法；队员如果缺席例会，就要缴付一小笔罚金，用来购置救火机。由于救火队的组建，城里发生火灾的次数明显减少，因此，有更多人开始踊跃报名参加这一队伍。1736年12月，富兰克林组建一支名为"联合消防队"的消防队，这是费城第一支消防队。

在一次火灾援救中，富兰克林发现现有的巡夜制度存在诸多弊端，他开始着手改革费城现有的巡夜制度。经过一番调查研究后他发现：巡夜是由城内各区的警官轮流负责，负责巡夜的警官会预先通知几名户主同他一起进行，不愿参加巡夜的户主可以每年交6先令雇人代替，钱交到警官那里后，他们只需一点酒钱就可以雇佣到乞丐去巡夜，剩下的钱就收到自己的囊中，这样一来只是养肥了警官，巡夜工作却不能很好地进行。富兰克林提出一种巡夜制度：雇用适当的人巡夜，巡夜费用则按财产比例课税的办法分摊。虽然他的这一想法是美好的，但其中牵扯甚多，因此计划没能得到立即执行，但富兰克林的提议却深深地影响着人们，为之后改革这一制度做了充分的准备。

1736年，富兰克林当选为州议会文书，正式开始他的从政之旅。1737年，北美邮政总代理斯波茨伍德上校在核查费城邮政账目时，发现布拉福德的账目模糊不清、敷衍了事，因此感到十分不满，决定立即革去其费城邮政局长的职务，交由富兰克林担任。虽然这个职务的薪酬不多，但它对报纸的发行、招揽广告等方面起到很大的作用，而对富兰克林来说，它还有一个更为重要的作用——他可以读到其他地区的报纸。

大卫·霍尔先生的出现已经让富兰克林如虎添翼，担任邮政局长后，富兰克林的生意更加顺风顺水，他有更多的闲暇来进行科学实验。1740年，富兰克林发明了一种新型火炉，既节省燃料，又利于取暖。他把模型赠送给开设铸造厂的朋友罗伯特·格雷斯，希望可以让更多人分享这种新型火炉的便捷。

与此同时，富兰克林还开始关注美洲有识之士，组建新学会的想法浮现在他的脑海里。直到1743年5月，他决定把这一想法变为现实，于是，他印了一封传阅书信：

"建立新殖民地之初，条件极其艰难困苦，这让人们把主要注意力都放在生活必需品上。不过，那种情况已经过去。如今，各州都会有一些生活安逸的人，有闲暇时间去培养更高超的技艺和积累更新的知识。为了给大家提供一个互相了解、互相学习的机会，我提议组建一个学会，暂取名为"美洲哲学学会"。通过学会，大家可以建立起制度化的通讯联系，来探讨一些课题。费城将作为学会的中心，一直保持10名成员：一名医学家、一名植物学家、一名数学家、一名化学家、一名机械学者、一名地理学家和一名自然哲学家，此外还应有一名主席、一名财政总管和一名秘书。费城的成员每月要召开一次会议，负责处理通讯者寄来的问题或报告，并向其他成员汇报自己的工作，每三个月要给会员邮寄一次重要信息的摘要。每年每名会员要上缴一美元左右的会费。

在找到学会秘书一职的最佳人选之前，该建议的作者本杰明·富兰克林自愿担任此职务。"

直到1744年4月，学会才算粗具规模，其中多名成员为共读社的社员，托马斯·哥德弗雷为学会的数学家，他发明的象限仪已经得到英国皇家学会的承认；塞缪尔·罗兹为机械学者；威廉·帕森斯为地理学家；威廉·科尔曼为财务总管；富兰克林为学会秘书。学会成员除了共读社的社员，还有一些知名人士，例如：托马斯·霍普金森将担任学会主席一职；托马斯·邦德将作为医生，不久后，他在富兰克林的帮助下，创办宾夕法尼亚医院；约翰·巴尔特拉姆是植物学家，他曾被林尼厄斯誉为"最伟大的自然植物学家"；菲尼亚斯·邦德是自然哲学家。学会的通讯会员则包括费城、新泽西州和纽约等地的著名人士。

学会成立后，气氛非常活跃，在弗吉尼亚、马里兰、卡罗来纳和新英格兰殖民地还有很多人准备加入学会。最令富兰克林感到高兴的是与失去联系的好友卡德瓦拉德·科尔登重新建立联系。富兰克林曾在前往康涅狄格的途中偶遇卡德瓦拉德·科尔登，科尔登在数学、医学、物理学和心理及道德哲学等方面非常有造诣，同样的兴趣爱好使两人很快成为朋友，他们还曾计划合作出版《美洲哲学杂集》月刊或季刊，但未能实现，后来失去联系。学会成立后，富兰克林辗转得到科尔登的消息，把这一好消息写信告诉给他，并诚挚地向他发出邀请。

在富兰克林一心为公众谋福利的时候，一个噩耗从家乡传来，他的父亲乔赛亚·富兰克林去世。从政、为公众服务一直是老乔赛亚的心愿，直到生命结束，他也没有实现这个愿望，他的政治才华已被繁重的家庭事务埋没。富兰克林凭借自己的才能和实力开辟出一条从政之路，这让老乔赛亚得到些许安慰。面对父亲离世的消息，富兰克林非常伤心，他决定以一种特殊的方式来祭奠父亲——把自己的满腔热血和爱无私奉献给生养他的这片土地。

2. 组建费城民兵自卫团

在富兰克林担任邮政局长的第三年起，英国因在西班牙隶属的美洲殖民地走私而与西班牙开战，到了1744年，英法两国又因奥地利王位继承问题而关系紧张，战争一触即发。凭着对北美局势的全面了解和高度敏锐的政治嗅觉，富兰克林意识到战争正在逼近费城。

1747年7月，法国和西班牙的私掠船出现在海湾附近。费城人提心吊胆，人人自危，费城没有任何用于作战的设施，也没有防御敌人来袭的军备，如果遭受到突然袭击，除了束手待毙别无选择。州长托马斯开始极力说服州议会通过一项民兵法和立刻采取保障本州安全的措施，但是在州议会中占主导地位的教友会不同意拨款备战，费城的富商只肯出钱保护自己的财产，德籍移民只关注他们的农庄不理世事，苏格兰和爱尔兰籍移民则住在内陆，不了解海边的首府正面临着前所未有的危机。

1747年秋季，从西印度群岛传来消息，说有6艘法国私掠船正计划着要将费城洗劫一空。得知此消息后，富兰克林急忙放下正在进行的电学实验，积极参与到解决费城所面临的问题当中。富兰克林与好友们商议后，决定由他匿名写一篇文章抨击教友会和富商，同时呼吁全体人民团结一致，保卫自己的家园。

11月17日，富兰克林以商人的身份撰写的小册子出版，题目为《平凡的真理》。富兰克林运用通俗易懂的语言，向人们陈述这样一个事实：费城正四面楚歌，除了海上有敌舰，法国人还可能唆使印第安人从背后进攻，可是费城人对这一严峻的形势却视而不见，毫无防范。占主导地位的教友会固执地遵奉其教义，愚蠢地反对一切战争。富商则认为筹办防务是掌权者的事情，跟自己无关。富兰克林呼吁市民必须行动起来，为自己的利益做些事。

小册子的发表，犹如警钟，扣动着每一个费城人的心，人们群情激愤，纷纷响应。趁着大家士气正足，富兰克林集合一百余人召开一次会议，并向与会者宣读成立民团的计划。富兰克林话音刚落，群情激昂的与会者当下就决定支持这项计划，教友会的一部分人也赞同富兰克林的计划,并接受防御性的自卫战争。于是,成立民团的工作正式进行。

短时间内,就有一万余人报名参加民团。遍布各地的战士们自行编成连队和团队,选出自己的长官,并在长官的带领下每星期集训一次。在整个民团的创建中,富兰克林起着不容小觑的作用,因此,大家一致推举他为上校指挥官,但富兰克林认为自己并无此资格,谢绝了这一职位,并推荐军人出身的劳伦斯先生出任此职,最终得到认可。只有热情和献身精神远远不够,富兰克林提议在敌人必经的港口、关卡等险要之地修筑堡垒,装配大炮,形成军事防线,把战争的破坏力减到最低。购置大炮的费用又是一个难题,富兰克林又要游说各位掌权者,在他的不懈努力之下,议会和参事会最终决定以拨款和发行彩票的形式筹集城防资金。

费城人的一腔热血令资金筹集工作进行得十分顺利。从波士顿购置了39门大炮如期抵达,一道坚固的防线即将筑成。但是,在敌人时常出没的河口地带仍缺少重炮的守卫,尽管已向伦敦订购,也要等到明年春季才能到货。时间急迫,远水解不了近渴,紧急关头富兰克林突然想到纽约有很多大炮,可以先借来。于是,富兰克林在三位特派员的陪同下立即出发前往纽约请求援助。

得知富兰克林一行人的来意后,纽约州的州长一口回绝了他们的借炮请求,因为纽约也需要这些大炮。富兰克林压抑住心中不快,依旧与州长交谈,等待时机。在晚宴上,富兰克林不断向州长敬酒,并称赞他在当政期间建立的功绩。几杯酒后,州长略带醉意,这时富兰克林抓住时机,委婉地向州长暗示借炮之事,酒意正浓的州长终于开口答应借6门火炮。又喝了几杯后,州长把借出的数字改为10门。最后,州长答应借给费城民团18门能够发射18磅重炮弹的大炮。几天后，18门大炮从纽约运至费城，它们像18位钢铁巨人一般忠实地保卫着费城。

3. 筹办学校

早在1743年，富兰克林就曾提议建立一所高等学府，但没能如愿。富兰克林认为，马萨诸塞有世界闻名的哈佛大学，康涅狄格有著名的耶鲁大学，弗吉尼亚为拥有威廉玛丽学院而感到骄傲，而费城在高等教育领域却一片空白，甚至连一所像样的中等学校都没有。战事告一段落，富兰克林心中建立学校的愿望又开始蠢蠢欲动。

共读社的很多朋友都支持富兰克林这一计划，并有志于帮助他完成这一计划。在朋友们的鼓励下，富兰克林撰写并出版一本名为《有关宾夕法尼亚青年教育的建议》的小册子，大卫·霍尔第一时间把这本小册子印出，并通过邮局将这本小册子送到居民手中。在《有关宾夕法尼亚青年教育的建议》中富兰克林写道：

"第一批移民中的大部分人都受过欧洲的良好教育，但此时此刻，殖民地的教育已被忽视。现在，弥补这一疏忽的时候到了。我提议城中闲暇并富有公益精神的人应当集资开办一所学院。学院应该有一定数量的校舍，最好还有一座图书馆；除了建筑物，还应当备有地图、地球仪、数学仪器、供自然哲学和机械学实验用的仪器。学生应该朴实、勤俭。学习的科目应该涵盖一切有用的东西，学院应该教授算术、几何、会计、天文等基本原理，英语应该讲授发音语法、阅读等知识，另外，历史也是一个必需的科目，通过历史学生可以学到地理、编年史、古代习俗、道德伦理等知识，也许还可以让学生产生学习希腊文、拉丁文、法语、德语和西班牙语等外国语言的兴趣。学习内容应该与他们未来可能从事的职业有联系。此外，还应重视学生的综合素质培养，练字、绘画、体育锻炼……最后，学院应不遗余力地教诲和培育学生。"

在《有关宾夕法尼亚青年教育的建议》中，富兰克林为8到16岁的青少年制定的教学内容，是对当时循规蹈矩的、刻板的学校教育制度的批判和挑战。这种教育思想则来自富兰克林本人的经历，以及北美殖民地对人才的需要。

小册子发出去以后，一时间，建立学校成为居民茶余饭后的热门话题。当大家把注意力都放在这项计划上时，富兰克林和朋友们抓住时机发起一场募捐活动，很快他们就筹集到一笔资金。

1749年11月13日，包括24名董事的学院董事会组成。因铁面无私和公正廉洁，首席检察官法兰西斯先生被推举担当监督学校财政收支的重任，捐款人推选富兰克林担任委员会主席，因其在筹办学院的活动中成绩卓著。资金和学校的组织领导机构都已解决，富兰克林开始投入到建校工作中。首先，他和法兰西斯共同为学院起草了组织章程，章程得到委员会通过后，富兰克林开始忙于租赁校舍，聘请教师。

1749年年底，学院开学。在当时的费城，学校开学成为一件惊天动地的大事，要求入学的学生数不胜数，虽然这是一件让人欣慰的事，却给办学者带来巨大的压力，同要求入学大军相比，校舍显得严重不足，建设新校舍不但没有资金也没有合适的地方。就在富兰克林和好朋友们焦急地寻找作为新校舍的场所时，一所闲置的教堂映入他们的眼帘。

教徒们都在各自家中或是各自教派的小教堂里做礼拜，因此，这座大教堂已被闲置很久，而且教堂管委会也因无力偿还地租和债务而陷入窘境。富兰克林灵机一动，想到一个两全其美的办法：教堂管委会把房产转交给学校方面，学校则负责分期偿还教堂管委会的债务，根据最初建教堂的宗旨，学校会把教堂的正厅留给偶尔前来布道的传教士使用，两厢高大的厅堂将改建成两层结构，并隔出数间房子作为校舍。校舍的问题暂时得到解决，但富兰克林还不能休息，还有很多事等待他来督办，如改建教堂、筹措资金、购置物资和监督工程等等。富兰克林多方奔走和不懈努力下终于圆满地完成所有工程。

1751年1月7日，学院正式创建，宾夕法尼亚大学的前身就这样被创立起来，多少年来，它为宾夕法尼亚和全美培养了许多优秀的人才。

建立学校不仅促进了宾夕法尼亚的经济文化事业，还关系到人们的未来和前途，富兰克林丝毫不敢怠慢，一心一意办好此事。因为此事，富兰克林在人民心中的威望变得更高，由于人民的拥护和推崇，不知不觉中他开始扮演公众领袖的角色，他的时间和精力开始被更多的公共事务所占据。

4. 驯服雷电，捕捉天火

从少年时代起，富兰克林就非常热爱自然科学。勤奋好学、喜欢钻研的他通过自学在机械、化工、天文、地质、生物、医学和光学等学科都有所成就。生活的重担和繁忙的事务虽然占据了他大部分时间，但他从未放弃过他的实验研究工作，一有机会，他就开始动手进行研究活动，做些发明创造。新型火炉就是一个非常好的例子。

如今，富兰克林事业如日中天，家境宽裕，还有大卫·霍尔等合作伙伴为其分忧，他终于可以把更多的时间放在科学实验上，其中花费他最大心血的就是有关电学方面的研究，并取得巨大成就。

在富兰克林研究电学之前，已经有很多科学家正在或进行过电学研究。1731年，英国科学家格雷首先发现有些物体能传电，有些却不能，如金属能传电，丝线却不能，从而导体和绝缘体被区别开。1734年，法国科学家杜飞发现，将摩擦后带电的两根琥珀棒或两根玻璃棒悬挂起来，它们会互相排斥，但是把分别带电的琥珀棒和玻璃棒悬挂起来，它们会互相吸引，让它们接触后，二者电的性质又都失去。于是，杜飞得到结论：电分为两种，即"琥珀电"与"玻璃电"，并且异性间相吸、同性间相斥。1745年，荷兰的科学家马森布罗克在莱顿发明了最早的蓄电池，后来被称为莱顿电瓶。

1746年，富兰克林有幸观看到英国学者斯宾士的电学实验表演，并得到斯宾士相赠的一套电学仪器，从此他的电学实验之门被开启。

几个月下来，细心聪颖的富兰克林经过潜心研究探索，终于有所收获，并使困扰电学界已久的关于莱顿电瓶的作用和原理这一问题得以解决，他得出重要结论：

"电火花并不是由摩擦产生的，而是通过摩擦收集起来的。电的确是一种在物质中弥漫着的，又能为其他物质，特别是水和金属所吸引的基本要素，而且电火是永远不会被毁灭的。换句话说，电就是物质中的一个要素，是一种单纯的'流质'，每个物体都具有一定量的电，摩擦只能使电从一个物体转到另一个物体上，它的总电量保持不变，得到电的物体带阳性电（＋），失去电的物体带阴性电（－）。"

富兰克林的结论使电由何处来和莱顿电瓶的作用等问题都得以解决。富兰克林成功地向人们揭开莱顿电瓶的神秘面纱，他也成为第一个使用正电与负电概念的人。同时，他的这一惊人发现，也带领电学研究走向更加准确的定性的方向。

1747年7月，在富兰克林研究电学时，他发现：尖形物体在吸入和放出电火上的神奇效果。在他还没来得及进一步研究时，他已被费城和宾夕法尼亚州的公共事务占去大部分时间。直到1748年9月他才得以从繁忙的公务中脱身，之后，他举家迁入雷斯街和第二街拐角处的新居，并重新开始他的实验。

富兰克林反对杜飞将电分为"玻璃电"和"琥珀电"两种不同的流体的"双流质说"。1749年，富兰克林在之前的研究基础上提出"单流质说"的电学理论：

自然物体都带有电，物体含电的多少决定它的正负电。当物体中所含的电超过正常含量时，称其起了正电；如果少于正常含量，则称其起了负电。电可以用正负来区分，但绝不能把它们看作是截然不同的流体。

这是电学史上第一个明确的电学学说。在进行了大量电学实验后，富兰克林开始对大气电学产生兴趣。格雷曾怀疑过电火花和雷电应具有相同性质，但他并没有用实验证明。富兰克林对此也抱有相同的看法，他不相信雷电是天神的怒气，他开始跃跃欲试，想要证明这一猜想。

1749年11月7日，富兰克林在他的实验记录中写道：

"闪电与电的流质在这样一些方面是一致的：

(1) 发光。

(2) 光的颜色。

(3) 弯曲方向。

(4) 移动迅速。

(5) 由金属传导。

(6) 爆开时有响声。

(7) 在水中或在冰里仍能存在。

(8) 撕裂或震动通过的物体。

(9) 杀死动物。

(10) 熔化金属。

(11) 引燃易燃物。

(12) 有硫磺味。

只有一点现在还不能得到证实，即电流质被尖状物吸引，不知道闪电能不能。既然已经加以比较的各方面都相一致，它们就可能在这一点上一致！让我进行这个实验吧！"

富兰克林决定做这项实验，不仅仅是想满足自己的好奇心，他更想解决这个科学论题，使真理造福人类。他发现尖头物体能吸走或发出电火花，因此产生了制造避雷针的想法。在给友人柯林森的信中，他写道：

"尖头物体能吸走或发出电火花，如果得到证实，就可以用这一知识造福人类。可以在一些建筑物的最高部分安装一个尖形的铁条，并为铁条镀上金防止其生锈，铁条的底部应连上铁丝，从建筑物的外面顺延至地面；在船上可以将铁丝绕着支桅索从船边延伸到水中。"

在正式进行实验前，关于测试含闪雷的云是否带电，富兰克林又有了一个新的构想：在高塔顶部放置一个绝缘的守望棚，只要容纳一个人和一个绝缘底座。将绝缘底座上一个尖头铁棒弯曲伸出棚外，引一根铁杆到地面。如果绝缘底座保持干燥，人站在底座上，当雷云经过时，铁杆会从云中把电火引过来，人可能会带电并发出电火花。如果担心那人会有危险，可以让他站在棚里地板上，并用金属线圈不时地接近铁杆，金属线圈的一端会带有皮带，他用蜡手柄握着它，铁杆受电后将传往线圈就不会伤害到他。关于电学的研究，富兰克林虽然已站在时代的尖端，但此时的他还浑然不知这项实验的危险性。

富兰克林难以抑制住内心激动的心情，他决定在圣诞节的前两天做一次实验，为圣诞节创造出一个奇迹，结果却差点酿成一场惨剧。富兰克林准备用从两只大玻璃缸中引出的电杀死一只火鸡，当他的一只手放在连接着顶部的电线上，另一只手握住与两个缸体表面都相连的一根链子时，一道电火突然蹿出，并发出巨大响声，富兰克林遭到电击，随之倒地，身体不停抽搐颤抖，整个人昏死过去。十几分钟后，富兰克林才苏醒过来，为了不让身边人担心，他还用微弱的声音调侃道：

"我似乎见到了上帝。"

这次失败并没有令富兰克林打消研究雷电的想法，相反，他还总结出：串联起来足够多的电瓶就可以释放出闪雷般巨大的电流。富兰克林准备进一步实验，证明闪雷就在剧烈地放电！

1750年7月29日，富兰克林通过柯林森，正式向英国皇家学会提出进行证明闪雷是电的实验。英国皇家学会对此并未给予重视。1751年，富兰克林请英国的电学家福瑟吉尔·沃森为自己的论文作序，之后一本名为《本杰明·富兰克林在美洲费城所做的电学实验和观察》的小册子出版发表。1752年年初，他的小册子被译为法文发表，富兰克林的思想在法国引起轩然大波。

1752年的6月，雷雨交加的夏季终于到来，富兰克林开始寻找时机验证他的关于闪雷也是电的假设。首先，他要寻找一座足够高的建筑物，以便从天空的云层中引下电流，实现这一实验。但是富兰克林还没有在费城找到这样一座建筑物，于是，他陷入苦苦的思索当中。望着乌云密布的天空，他突然想起小时候游戏用的蓝色的大风筝，一个大胆的想法就这样诞生：借助一只风筝就可以便利地进入带雷的云中，完成自己期待已久的实验。于是，他与21岁的儿子威廉立即着手制作一只大风筝，由两根木条拼装成风筝的骨架，上面糊上丝绸，它的身躯和两翼很快完成。接着，他们在风筝的上端固定一根尖头的金属丝，在风筝线的底端绑上一把金属钥匙。

一天，天色阴暗，电闪雷鸣，富兰克林激动地大喊："威廉，机会到了！"父子俩把风筝升到空中，时间一分一秒流过，焦急地等待却没有等到任何带电的迹象。富兰克林不禁怀疑："难道自己的构想不够全面？"忽然，一团飘来的乌云，打消了富兰克林的疑虑，他发现：风筝线末端的麻绳纤维全都耸立起来，他似乎看到实验已经成功，欣喜若狂之下，他下意识地伸手摸向钥匙，果然他感到了强烈的电震。大雨倾盆，雨水打湿麻绳，一道异常美丽的电火花划过天际。实验成功，富兰克林的想法不再是推断，现在他可以自豪地宣布：闪雷与电是同一物质。虽然很兴奋，也想把这一情况第一时间告诉全世界，但由于公务的繁忙，直到10月份，富兰克林才把关于雷电风筝实验的研究报告发表在《宾夕法尼亚报》上。

雷电风筝实验的成功，更加鼓舞富兰克林进行他的下一个研究计划——发明避雷针。他首先在自己的家里做了这个实验：他在铁匠铺定做一根长9英尺顶端尖削的铁杆，把它安置在烟囱顶上，铁杆的下端接金属线，将金属线引到屋里的金属水泵上，而水泵则通向地下。这样一来，闪电被尖头吸引通过金属线进入地面，就不会损坏房屋。

富兰克林在电学上的重大贡献让他成为电学史上的功臣。此时，富兰克林终于被英国皇家学会接受，他的关于雷电风筝实验的论文述也于12月21日在英国皇家学会宣读，并于同年在《学会记录》上发表。1753年7月，哈佛大学授予他名誉文学硕士学位，9月，耶鲁大学授予他名誉文学硕士学位，1753年11月30日，英国皇家学会"以其神奇的电学实验和观察"授予他哥德弗雷·科普利爵士金质奖章。1756年4月，威廉学院和马利学院也授予他名誉文学硕士学位。之后几年，他的电学论文相继被译成法文、德文和意大利文畅销各地。

荣誉和奖励纷至沓来，他成了万众瞩目的世界名人，人们称他为"人间的普罗米修斯"。但再多的荣誉也不能抚平富兰克林内心的失落，他的母亲永远地离开了他，富兰克林在波士顿为父母合葬。两位老人在另外一个世界，一定会看到富兰克林取得的成就，并为他感到高兴。

5. 促成医院建立

在没有一家标准化医院的宾夕法尼亚，人们一旦生病，只能去教堂祈祷，或使用家传秘方，或求助于江湖术士和巫医神汉，只有一些富人才有条件找私人医生就诊。葡萄酒是当时最好的兴奋剂，烟草是治疗痛风、寒热以及醒酒、解乏、疏通脉络等疾病的神药。如果有人得了疟疾之类的传染病，只能采取放血、清肠等措施，一旦病情严重只能将病人隔离，让其自生自灭。这一切，令"美洲哲学学会"的医学专家托马斯·邦德心急如焚。

1751年，托马斯·邦德医生下定决心要在费城开办一所医院，这样就可以收容和治疗贫穷的病人。邦德曾留学巴黎，回到费城后开办诊所，医术精湛，医德高尚，有着极高的社会责任感。虽然他不了解社会事务和民众心理，他还是以饱满的热情积极地开展募捐活动，为建立宾夕法尼亚医院而四处奔走游说，但他的努力收效不甚微。

穷人认为，到医院看病是一种奢望；富人则不甘心花自己的钱方便他人；更多人则担心医院不能得到妥善的管理，这样自己的钱就会白白流失；还有一些人公开表示，要富兰克林出面，他们才能信任这个计划。屡遭失败后，邦德发现要实现这项计划，没有富兰克林参加行不通。

邦德将自己的计划告诉富兰克林，希望得到他的帮助。富兰克林听后，非常爽快地答应了邦德的请求，因为这也正是他的愿望。

他不仅自己捐了钱，还召开公民大会，用极具说服力的语言声情并茂地向公民介绍建立医院的重要性以及它将给大家带来的好处，并请求大家向身边的亲友宣传这项公益活动，以促进这一公益事业的完成。此外，富兰克林还在《宾夕法尼亚报》上发表文章，倡议人们关注并支持这项公益事业。富兰克林的一番努力，颇见成效，开始有人踊跃捐款，但一段时间后，捐款就越来越少。富兰克林意识到，光靠公民捐款是不够的，必须得到州议会的支持才行，于是，富兰克林向议会递交一份亲自起草的有关建立医院的议案。出乎富兰克林意料的是，代表乡村的议员们并不赞同这项计划，他们认为这个医院只有利于城里人，因此应由城里的市民出资创办。针对这一局面，富兰克林并没有退缩，而是极力地劝说着议员们。为了确保成功募捐，富兰克林还使用一些"狡猾"的伎俩：在劝说议员时，他以民间将捐献2000镑为条件，要求议会也要拨款2000镑；在向公民募捐时他许诺：民众每捐一份款项议会也会拨出同等的款项。这个"狡猾"的办法一石二鸟，同时激起议会和民间两方面的热情，最后获得的款项远超当初计划建立医院所需的款项。

资金到位后，医院开始动工。应大家的推举，富兰克林成为医院理事会理事。应理事会要求，富兰克林负责撰写并印刷《宾夕法尼亚医院纪》。

1755年5月28日，一所实用而又美观的医院大楼在费城的云杉街和松树街之间的第八大街奠基，富兰克林在基石上题了优美的铭文：

　　　　在耶稣诞生的第1755年
　　　　在乔治二世仁慈的统治下

（因为他为其人民寻求幸福）

在繁荣昌盛的费城

（因他的人民有为公众服务之精神）

这座建筑是由政府及许多私人慷慨捐助

为拯救那些处于疾病和痛苦之中的生灵而虔诚地建造的

愿仁慈的上帝祝福这项事业

医院建成后，富兰克林被推举为医院管理委员会的主席，这是对他人道主义义举的最高奖赏。6月30日，作为主席的富兰克林在新落成的大楼里主持了第一次董事会会议。虽然富兰克林的一生都以服务公民为己任，但是他并没有把这项功劳全部归到自己的身上，他把功劳让给了建立医院的首倡者邦德医生。在富兰克林的《自传》中，他还特意说明：

"人们把这一功劳归功于我，其实它是我的朋友托马斯·邦德医生最先提出来的。"

6. 与印第安人谈判

现如今，摆在议会面前的三件头等大事分别是：印第安人问题、纸币问题、业主领地交税问题。1751年，阿勒格尼地区的印第安人发生骚乱，使解决印第安人问题变得迫在眉睫。

曾经为了防止英法两国的扩张，勇敢无畏的英霍克人、卡尤加人、奥农达加人、奥内达人、塞内卡尔人、图斯卡罗拉人结成的联盟，誓死保卫最后的家园。由于他们都说易洛魁语，因此联盟被称为易洛魁印第安人六部落联盟，简称六族。六族的建立有效地控制着从奥尔巴尼到大湖区的要塞，既阻止法国人继续东扩，也遏制英国人西迁。依靠着联盟的力量，六族人在英法两国势力范围的中间地带形成一道难以逾越的屏障，得以继续生活在他们赖以生存的土地上。

现在法国殖民者妄想称霸美洲，他们不断向东扩张，贪婪地侵蚀着英属殖民地。为了彻底打败英国，法国人派出使团与印第安人频频接触，对他们进行安抚和拉拢，并使用金钱与礼物贿赂、收买等手段，煽动他们的仇英情绪，挑唆他们骚扰英国人，意图制造英属殖民地的危机。法国人的政策十分奏效，原本视法国人为仇敌的六族和其他印第安部落，如今都把矛头指向英国人。在法国人的不断怂恿下，印第安人开始袭击英国人。起初，他们只是利用熟悉的地形，偷袭路经此地的英国商队，慢慢地商队已满足不了他们的胃口，他们开始对英国人的居住区下手，强取豪夺、烧杀掳掠。印第安人的袭击事件频频发生，在当地造成不小的恐慌，宾夕法尼亚、弗吉尼亚、马里兰等殖民地深受其害。

在对待印第安人的问题上，英属北美殖民地内部存在很大分歧，尤其是宾夕法尼亚。在一些人眼里，印第安人是魔鬼，根本不能感化，主张暴力消灭他们。富兰克林极其反对这一主张，他不仅从人道主义出发，对这个古老的民族怀有深深的同情和敬意，而且从现实出发，英勇善战的印第安人无法斩尽杀绝。教友会则全然不顾他们的恶行，只是消极地想收买安抚他们，并一改往日吝啬作风，用大笔的金钱来笼络印第安人，希望化解矛盾。富兰克林则认为教友会的做法无济于事，印第安人在接受法国人的重贿之后，胃口大开，以费城的财力想要满足他们根本不可能。

富兰克林在州议会上发表了自己对当前形式的分析，宾夕法尼亚州长汉密尔顿并没有把富兰克林的分析放在心上，反倒是弗吉尼亚州长罗伯特·丁威迪是位有心人。

1753年9月初，丁威迪派费尔法克斯在弗吉尼亚北部的温彻斯特镇与六族及其盟友的某些首领进行会谈，并最终达成一项和解协议。随后，丁威迪州长立即给汉密尔顿送来一封信，告知六族首领已同意在返回途中在卡莱尔同汉密尔顿进行和谈。汉密尔顿正苦于找不到一种两全其美的解决方法，这封信就像和平的曙光，让汉密尔顿看到希望。汉密尔顿立即召来议员商量对策。由于弗吉尼亚州长丁威迪没有亲自会见六族首领，所以汉密尔顿也不打算亲自前往卡莱尔，最终决定派一个使团前去。使团人选很快选定，聪明睿智的富兰克林成为谈判的首选，州参事会秘书理查德·彼得斯和议员伊萨克·诺里斯也一同前往，互相照应。为了表示谈判的诚意，汉密尔顿还花费800英镑购买礼品赠送给印第安人。

9月22日，三名使者从费城出发前往卡莱尔，满载礼品的车队紧随其后。经过5天的长途跋涉，沿着拓荒者的足迹，在崎岖小道艰难前行，渡过萨斯奎汉纳河，卡莱尔终于出现在富兰克林一行人的眼前。在他们到来之前，印第安人已经到达，约100人，包括六族的首领以及一些强悍的男人、妇女和几名儿童。他们住在城外临时搭盖的小屋里，以家庭为单位分开居住，像在原来的居住地一样。几天后，随着特拉华、迈阿密等地的印第安人代表的陆续到来，与印第安人的谈判正式开始。

起初的几日，谈判根本无法进行，原因是六族没有看到宾夕法尼亚州的诚意，即礼物还没有摆在他们面前。随着礼物的接连运至，六族的首领们看到了对方的诚意，表示愿意既往不咎，与英属地区政府友好相处，条件是英国人不得再侵占他们的领地，只能设置三处贸易地点进行交易。他们还希望英国人不要进行欺诈性交易，他们卖的货应该便宜一些，最好多卖些皮革、火药、枪支、弹药之类的物品，而不单单是面粉和酒。在慷慨豪爽的印第安人面前，宾夕法尼亚人那些龌龊的想法显得格外丑陋，为此，富兰克林特意代替业主们检讨了曾肆无忌惮地侵略印第安人土地的错误，并表示愿意接受他们提出的所有条件。

29日晚，谈判终于结束。在谈判中为了表示诚意，富兰克林一行人还为新盟友加购一批上等美酒作为礼品相赠。在谈判结束之时，一大车上等美酒也被运到。迫不及待的印第安人立即围绕在篝火旁开怀畅饮，全都喝得酩酊大醉。

卡莱尔谈判的圆满成功，不仅使宾夕法尼亚与印第安人关系得到很大程度上的缓解，也成为富兰克林后来漫长而艰巨的外交生涯的开端。

第四章 出使伦敦

1. 殖民地联盟计划

1751年5月，北美邮政总代理艾利奥特·本杰尔在弗吉尼亚突然病重，宾夕法尼亚首席法官威廉·艾林推荐富兰克林接任这一职务。经过一番调查走访后，英国邮政大臣于8月10日正式宣布同时任命富兰克林和威廉·亨特共为北美邮政总代理，威廉堡和费城将一南一北分管整个北美殖民地的邮政。威廉·亨特是威廉堡的邮政局长，同时也是《弗吉尼亚报》的出版者，富兰克林对他的印象很好，在公务上两人配合得十分默契，不过，由于亨特的身体状况不是很好，大部分邮政事务通常要落在富兰克林肩上。

上任后，富兰克林开始进行邮政改革。借鉴之前费城邮政改革的经验，他制定出一套完整、简单、清晰的邮政系统。其中最有意义的是，改进邮政服务的速度和安全性，使邮政事业的作用得到充分发挥。他的改革成效显著，使北美的邮政业得到空前的繁荣。

富兰克林任职北美邮政局长后，尽心竭力地做好工作，这不单单是为了表现自己的行政才华，更是因为他想努力使北美殖民地联合起来，北美殖民地资产阶级要想发展经济，要想得到政治权利，殖民地联合起来就显得日益重要。

1753年，法国人派一支官方探险队到俄亥俄一带构建堡垒，表明要向英国人、六族人宣战。10月，印第安人向法国人发出驱逐令，但是遭到拒绝。11月，在征得印第安首领同意后，弗吉尼亚州长派年仅21岁的乔治·华盛顿送一份最后通牒给法军指挥官，同样失败而归。负责这一地区的印第安人酋长见法国人比英国人更加强势，开始有所动摇。眼看情况不妙，弗吉尼亚州长丁威迪立即派人在俄亥俄河岔处也构建起堡垒，准备随时抗击敌人来犯，并派华盛顿率领军队前去增援。同时，丁威迪还派人通知汉密尔顿州长，希望宾夕法尼亚军队可以在明年3月初与弗吉尼亚军在波托马克会师。但是，汉密尔顿对此事却一直没有表态，真正原因在于教友会拒绝为军事行动拨款。

直到5月，富兰克林接到了汉密尔顿的通知：立即赴奥尔巴尼出席会议。此次会议应该由汉密尔顿亲自出席，可是他已经对政事感到厌倦，准备辞职，因此把参加奥尔巴尼会议的重任交给了在卡莱尔谈判中表现得十分出色的富兰克林。奥尔巴尼会议是由英国商务大臣督办、由纽约州长主持的各殖民地防务会议，同时还要重新与易洛魁六族谈判，共同商讨如何反击法国人进攻。与富兰克林同行的还有议长伊萨克·诺利斯，参事会的代表约翰·宾和理查德·彼得斯。

与卡莱尔谈判不同，不论是对历史发展，还是对人们民族意识的觉醒，奥尔巴尼会议必将对北美产生深远的影响，它注定成为美国建国史和革命史上一个重大事件，而整个事件中最关键、最重要的人物就是富兰克林。得知自己将参加奥尔巴尼会议后，富兰克林开始更加深入地考虑殖民地联合的问题，他将带着一份殖民地联合计划参加此次会议，它关系到英属北美殖民地的前途和命运。

前往奥尔巴尼的行程中，富兰克林对自己早先形成的殖民地联合的构想进行反复思索，认真做了总结，写成《关于北部殖民地联合计划的简短提示》。文中只是简短介绍了13个殖民地应成立一个联邦政府的构想，并没有涉及具体细节，殖民地联合体应当由英国国会设立，英国王室任命一个通晓军事的人作为整个殖民地联合体的总督。除了处理印第安人的事务外，联合体还应负责建立并支持新的移民点，在海岸周围装备军舰。

原定于6月14日召开的奥尔巴尼会议，因为许多代表团没能准时到达而一再推迟。除了作为主人的纽约代表外，只有马萨诸塞、马里兰和新罕布什尔的代表准时赶到。富兰克林一行人历尽千辛万苦于17日终于赶到，六族代表不知何故迟迟未到，弗吉尼亚正忙于同法国人作战，无暇参加这次会议。新泽西则没有接受邀请，反倒是罗德艾兰和康涅狄格的代表不请自来。

6月18日，所有代表终于到齐，次日上午，会议在奥尔巴尼市政府的会议厅正式开始。在商议抵御外族入侵和印第安人问题时，话题总是逃避不开各殖民地联合的问题。与此同时，英、法为争夺北美已经开战。6月24日，代表们一致决议，要建立一个殖民地联合体，并指派一个委员会操办此事。由于富兰克林对此已做了很多研究，而且有备而来，所以代表们非常推崇他的方案，还请他解答与联盟有关的问题。富兰克林清晰的思路和不凡的谈吐使代表们心悦诚服。无形中，富兰克林已成为奥尔巴尼会议的真正主角。

28日，富兰克林代表委员会提出名为《简短的提示》的方案。7月8日，受会议委托，富兰克林以《简短的提示》计划为基础，融合其他代表计划中的一些合理部分，重新起草了一份联合计划，作为最后结论。经过两天的精心准备，10日，他的草案在会议上通过，复印后被送往各个殖民地。

在没有等到各殖民地答复时，英属北美殖民地已经与易洛魁六族达成友好盟约，英国商务大臣的目的达到，奥尔巴尼会议也就此结束。富兰克林并没有急于返回费城，而是在纽约、新英格兰一带作了短期停留，四处游说，目的是使联盟计划得到各地议会的认可。

就在富兰克林游走各州期间，他的婚姻路上曾出现过一段小插曲，即与凯瑟琳小姐邂逅，也许是前世注定的缘分，两人相识不久就互相萌生爱意，但谁也没有再往前迈出一步，富兰克林是一位有责任感的人，他不会破坏现在幸福的婚姻，更何况他还很爱自己的太太，因此，他们的关系仅限于知己。

富兰克林的身上还有更重要的担子，他还要为殖民地的联盟计划做最后的努力。但是，事与愿违，包括宾夕法尼亚州在内，没有一个殖民地赞成这一计划。富兰克林把原因归结于：各殖民地的州议会都反对这项计划，因为他们认为联邦政府的权力太大；但英国的商务部却认为这个计划过于民主，因此不赞成，甚至根本没有请示英王批准。

这件事给富兰克林带来不小的打击，不过他不会就此放弃，他明白：一项伟大的事业不可能一蹴而就，只有坚持不懈、努力奋斗，才有可能得到圆满的结局。

2. 不容侵犯的领土

战争依旧继续，英军准备从新英格兰和纽约进攻尼亚加拉、克朗、波因特和阿卡迪亚，夺回落入法军的土地。殖民地没有得到建立武装抗敌的允许，因此，要想开战只能从英国运兵到此。1754年12月，在布雷多克将军的率领下两个团的英国正规军从英国出发，1755年2月，军队在弗吉尼亚的汉普敦登陆。

宾夕法尼亚州派富兰克林做代表协助英军。自信满满的布雷多克将军夸下海口，要从法军手中夺回弗吉尼亚失去的堡垒，富兰克林好心提醒他要特别注意印第安人，但是布雷多克却不为所动。事情向着不好的方向发展着，布雷多克率军向杜奎恩堡进发时，遭到伏击，全军惨败，自己也受了伤。由于没有得到及时的医治，身受重伤的布雷多克几天后死在异乡。

宾夕法尼亚正面临着前所未有的严峻形势：没有英军的保卫，法军可能随时进犯，同时，印第安人看到法军气势如虹，主场开始转向法军一边，与英国人为敌。尽管六族表面上仍保持着应有的信用，但大部分族人早已投奔法军。

1755年秋，整个边境混乱不堪，逃难的人随处可见，法军还在不断地侵略着北美的领土，战线正一点点逼近费城，费城陷入一片混乱。

宾夕法尼亚州议会决定立即拨款6万英镑用于防备敌人侵袭，但同时要求业主也同样纳税。自私自利、顽固的业主们起初并不打算出这笔钱，在受到伦敦方面的压力后，才打算拿出5000英镑捐赠给宾夕法尼亚州。富兰克林趁势立即起草一份建立和训练国民自卫队的议案，11月25日，议案得到议会一致通过，议会还指派富兰克林等6人组成管理军费开支的七人委员会。与1747年组建的国民自卫队不同，这次的队伍受到法律的保护，这支国民自卫队会由该州的自由人组成，先由自己选举出指挥官，再请求州长批准。

边境又传来不好的消息，一伙印第安人不但偷袭了距离费城75英里的纳登赫廷，还杀死没能逃走的居民，焚毁房屋。加强边防已是刻不容缓。由富兰克林率领的七人委员会下令立即征召300人去驻守边境。12月18日，富兰克林在《宾夕法尼亚报》上发表一篇名为《关于宾夕法尼亚目前局势的三人对话》的文章。为了动员民众，富兰克林把能想到反对建立国民自卫队的观点一一列举出来，然后逐个反驳。

12月18日，富兰克林在前州长汉密尔顿（此时任参事会参事）等人的陪同下，率领50名骑兵和三辆大马车，出发前往伯利恒。原本州长命汉密尔顿主持此次远征，并监视富兰克林的行动，向其报告。但是，在远征的途中，人们更愿意听从有才能的人，而这个人就是富兰克林。

宾夕法尼亚的边防线从伯利恒到里丁，此地有蓝山山脉作为天然屏障，是防守的绝佳之地。距伯利恒不远的纳登赫廷是这条边防线的重中之重，它既是敌方最容易攻袭的地方，也是仰仗天然屏障设立防御堡垒的最佳位置。如果法军派兵在此驻守，宾夕法尼亚全境将永无宁日，因此，富兰克林决定马上招募国民自卫队在纳登赫廷驻防。此外，富兰克林还准备每隔一段距离设下一处哨所，将整条边防线连接起来，每处哨所派重兵把守，防止敌军进犯和扰民。

抵达伯利恒后，富兰克林发现这里的防御准备工作井井有条。房屋都用栅栏围护起来，家家户户室内都堆放着石子，用来击退入侵房屋的敌人。居民们还自行购买枪支弹药以备不时之需。看到这里一切良好，富兰克林决定前往下处巡防。伊斯顿与伯利恒相比，显得破乱不堪，储备的粮食所剩无几，当地居民正打算弃城，逃往费城。看到这一情形，富兰克林立即着手组织居民武装起来，并征集两百名自卫队员组成巡逻队，轮流绕城巡视，时刻注意敌人的动静，还在主要的街道设下哨所，清除城镇周围的灌木丛。

伊斯顿一切准备就绪，富兰克林一行人决定起程前往下一个目的地里丁。在那里，宾夕法尼亚州州长莫里斯正在等待他们，莫里斯需要富兰克林的帮助，因为他要与印第安人协商并签订关于防务措施等问题的条约。

1756年1月1日，富兰克林等人抵达里丁。3日，谈判还没来得及进行，一个坏消息就从刚刚设立防线的纳登赫廷传来：就在元旦那天，印第安人偷袭并侵占纳登赫廷，驻守的民兵都被驱逐出来。原本打算和谈的州长听到此消息后，立即下令取消谈判，并派富兰克林返回纳登赫廷收复失地。

1月6日，州长在为富兰克林践行时，授予他指挥官的职位，可以自由任免自卫队军官、分发军火。州长原本并没打算任命富兰克林为指挥官，可是就在他来里丁之前，费城国民自卫队已推举富兰克林为指挥官，为此，还举行一次游行，迫使州长答应。富兰克林并不知晓这一切，他也不想争指挥官这个官位，他更看重的是领土不受侵犯、人民可以安居乐业。

1月8日，富兰克林抵达伯利恒，在安抚民心的同时招募民兵。15日，富兰克林率领一队人马前往纳登赫廷。在行军途中，富兰克林迎来他50岁的生日，虽然条件非常艰苦，但值得庆幸的是儿子一直陪在他的身边，这个生日才显得不那么孤单。

一路上还算顺利，没有遇到敌人的伏击。18日，他们顺利抵达纳登赫廷。富兰克林一刻也不敢耽搁，马上组织人手开始修建新的堡垒，5天后，一座全新的堡垒呈现在人们眼前。它长8米、宽17米、高4米，对于没有火炮的印第安人，这样的防备足矣，在堡垒内侧还搭有2米高的搁板，如果敌人来袭，守卫的士兵就可以站在隔板上从墙上的枪眼向外射击。富兰克林决定将这座堡垒命名为"艾伦堡"（当时宾夕法尼亚州首席法官的名字）。在堡垒修建好后，富兰克林举行一个升旗鸣枪仪式，一是为了表示庆祝，二是为了向印第安人示威。

随后，在艾伦堡以东15英里和30英里的地方，他们又建造了两座类似的堡垒，中间的堡垒被命名为"诺利斯堡"（当时州议会议长的名字），最东面的被命名为"富兰克林堡"（富兰克林并不想，但盛情难却）。在修建堡垒的同时，富兰克林还组织成立13个国民自卫队，共计五百人左右，还为他们配置枪支弹药，解决供给等问题。受到印第安人偷袭的难民也得到妥善的安置。他还率领一组侦察队在城边的树林中搜索印第安人，结果一无所获，一定是印第安人看到他们的精心准备，所以退回到原来的地界。如今，附近一带都已建起堡垒，还派了重兵守卫，印第安人一时不会再来偷袭，居民们终于可以过上一段安稳的日子。

3. 出使伦敦

1756年2月1日，富兰克林接到议会通知：议会将于2月3日召开会议。纳登赫廷的防务工作已接近尾声，打理好一些事务后，富兰克林父子俩连夜赶路，返回费城。会上，费城国民自卫队正式选举富兰克林为指挥官，并邀请他参加费城自卫队第一次检阅活动。

4月，坏消息从边疆接二连三传来，忍无可忍的州长正式向印第安人宣战。在研究拨款时，州长仍站在业主一方，拒绝业主纳税。僵局维持数月之久，最后议会妥协，勉强答应先拨3万英镑作为军费，但决定向英国寄去一份抗议书。

6月，富兰克林得到消息称纽约前州长谢利即将卸任赴美英军司令一职，择日将前往英国。他急忙动身前往纽约，将一份请愿书交与谢利带去英国。当富兰克林返回费城时，州议会和州长、业主已经吵得不可开交。不久，心力交瘁的莫里斯就辞去州长的职务。8月，丹尼上尉从英格兰来到宾夕法尼亚州继任州长一职。初来乍到的丹尼向富兰克林频频示好，希望他可以站在业主一方，劝议会放弃抵制业主的各项措施。富兰克林委婉地拒绝了新州长的要求，他说：

"我非常感谢州长的青睐，也愿意帮助州长完成执政工作。但是我要强调一点，我与业主间并没有私人恩怨，如果业主提出的措施可以更多地考虑到人民的利益，而不是只顾及自己的利益、损害人民的利益，我会比任何人都拥护和赞成业主。最后，我希望新州长可以不被业主的指示束缚住手脚，有所作为。"

虽然富兰克林这么说，但是他明白州长受业主所派，自然会按照业主意愿行事。州长明白富兰克林的意思，就没有多说。

正如富兰克林所言，在之后的政务中，州长和州议会的矛盾依旧，而富兰克林仍站在斗争的最前端。在政治问题上富兰克林和丹尼之间存在很大分歧，但是两人的私交很好。

年底，边疆的形势再次告急：占据着杜奎恩的法军在8月攻下英军在奥斯维格修建的堡垒。11月，印第安人袭击了纳登赫廷的艾伦堡，守军被残忍杀害，村庄也被烧毁。如此一来，宾夕法尼亚的大门已向法军敞开。州长要求议会拿出12.5万英镑用于军务，但议会只同意拿出10万。事情僵持到次年1月仍没有得到有效的解决，州长决定将此事上报到英国国王那里，议会也决定派人前往英国说明此事，这个最佳人选就是富兰克林。

在富兰克林还没来得及动身时，驻美英军司令劳顿来到费城，希望可以调解此事。劳顿对富兰克林采取了软硬兼施的办法，最后还威胁他说："如果你不动用你的关系使议会拿出军费，我将不出兵来保护边疆！"劳顿的话对富兰克林起了作用，如果他真的不出兵，而宾夕法尼亚州又没有足够的防御能力，那么边疆的居民会更加危险。经过再三思考，富兰克林决定说服议会，在不放弃原则的前提下，拿出一项令业主满意的议案。

议会同意富兰克林的做法，条件是他依旧以使者的身份前去伦敦向英王请愿，反对业主在殖民地的免税特权。按照议会的要求，富兰克林带着儿子于4月4日起程前往伦敦。航行中，轮船遭到敌船的攻击，富兰克林等人险些失去性命，除了这些惊险的经历，富兰克林一直在思考怎样说服业主，为殖民地的居民争取到最大的利益与权利。

7月末，富兰克林终于抵达伦敦。当天夜里，柯林森为富兰克林准备了热烈的欢迎仪式。在柯林森家居住的日子中，富兰克林终于与通信14年却未曾谋面的伦敦出版商威廉·斯特拉汉见了面，两人一见如故，意气极其相投。

处理公务还需一段时间，富兰克林决定在伦敦寻找一处住所作为临时的"家"。在等待枢密院会见时，他拜访了约翰·福瑟吉尔，一位著名的医生、社会活动家，给过富兰克林很多帮助。当福瑟吉尔得知富兰克林的来意后，认为他不该直接向政府申诉，可以先私下与业主接触一下，试着找到解决问题的办法。福瑟吉尔的话给富兰克林很大启示，于是，他决定与政府和业主同时接触，争取早日解决此事，回到费城温馨的家中。

在等待同业主托马斯·宾会谈期间，柯林森安排富兰克林拜会枢密院议长格兰维尔勋爵。会谈之初，格兰维尔显得彬彬有礼，交谈一番后，他刚愎自用、盛气凌人的作风全部显现出来，他坚定地表示国王对州长下达的指令就是法律，根本不把富兰克林放在眼里。看到格兰维尔强硬无理的态度，熟悉英国法律和政治体制的富兰克林也不甘示弱，据理力争："您的理解我从未耳闻，根据我们的宪章，我认为我们的法律是由各个殖民地的议会制定，当然，它也要经过国王的批准，但一经批准，国王就无权加以废除或更改。就像没有国王的批准议会不能制定永久性法律一样，没有得到议会的同意国王也不能为殖民地制定法律。"双方都坚持自己的观点不肯妥协,第一次的会谈以失败告终。格兰维尔的态度让富兰克林有些失望,国王的大臣竟然跟业主站在同一战线,他感到这次到伦敦向国王申诉成功的概率十分渺茫。

8月中旬,在福瑟吉尔的安排下,富兰克林与托马斯·宾等业主在春季花园举行会谈。开始洽谈的气氛还算融洽,交谈一段时间后,富兰克林发现托马斯·宾是一个极其狡猾的政坛老手,在次要问题上他并不发表过多言论,在原则的问题上他丝毫不退让,不给富兰克林和解的机会。富兰克林更不会做原则性的让步,因为他的身后还有无数双期盼的眼睛。双方出现分歧,已经没有再谈下去的必要,业主们进而要求富兰克林把申诉内容整理成书面文件交给他们。

8月20日,富兰克林按照要求将书面申诉文件交给业主们,但他们又提出新的要求,让他和他们的律师谈。面对业主的无理要求,富兰克林郑重声明他不会和业主以外的人进行谈判。

焦急的等待中,这位年过半百的老人因为过度劳累而病倒。开始他只是感到忽冷忽热,并没有十分在意,不幸的是,病情恶化变成重感冒,而且高烧不退,后来还出现剧烈的头痛症状,有时甚至昏迷不醒。在友人福瑟吉尔、房东太太和儿子威廉的细心照顾下,富兰克林的病情总算有些起色,稍微恢复健康的富兰克林开始担心他的公务,不顾福瑟吉尔的劝阻企图出门办事,谁知刚迈出门,马上又病倒。直到两个月后,他才战胜病魔完全康复。

在等待业主答复期间,富兰克林接待了不少来访者,如:马萨诸塞前州长谢利、合任北美邮政局长的亨特等等。闲暇时,富兰克林还到附近的街上走走,给妻子和女儿买些小礼物,连同写给妻子的信一起寄回费城，以解相思之苦。苦苦的等待始终没有结果，机缘巧合之下，富兰克林又开始他一系列的科学实验：用电流治疗风瘫患者；对普通家用烟囱进行改装；与儿子威廉在剑桥大学做蒸发实验。这期间他还为哈佛大学购买电学仪器，并亲自安装调试。

富兰克林父子参加完剑桥大学毕业典礼后，踏上寻根之旅。他们先是到诺桑普敦去探访他们祖先的家乡。然后，父子俩又到伯明翰，寻访黛博勒娘家的亲属。两个月后，他们才辗转回到伦敦。

1758年2月12日，圣安德斯大学授予他法学博士学位。9月，富兰克林去苏格兰旅行，爱丁堡市、格拉斯哥市和圣·亚当斯自治市先后授予他行动自由权。在一年多的时间里，除了富兰克林在努力外，宾夕法尼亚州议会也在不断努力，他们已经说服丹尼州长通过一项对业主的土地征税10万英镑的议案。通过议案后，丹尼州长害怕遭到业主的指控，索性自动离职。事实上业主已无暇去顾及丹尼，他们现在要做的是当这个议案送到英国时，设法阻止国王加以批准。随着对业主的土地征税10万英镑的议案的通过，1759年，富兰克林与业主间的斗争出现转机。

1760年6月，英国内阁决定举行听证会，请双方面陈理由，以供当局裁决。听证会上，业主的律师认为：如果通过这项议案，向业主征税，业主必将受制于财产评估人，最后导致破产。富兰克林则极力反驳：这个议案并不含有这样的意图，而且估税人员也不会那么做。此外，富兰克林还强调指出废除这一法律将造成的严重后果：宾夕法尼亚州已经发行价值10万镑的纸币，纸币已经在民间流通，如果现在废止这项法案，纸币就会成为废纸，会有很多人因此破产，将对该地区的经济造成毁灭性的灾难，如此一来，王室在该地区还有什么信誉可言。

听到这里，王室法律顾问曼斯菲尔德先生把富兰克林领进旁边的一间密室，曼斯菲尔德问富兰克林在执行这项议案时，是否真的不会损害业主的利益，富兰克林郑重其事地做了肯定的回答，并愿意立约担保。于是，曼斯菲尔德把业主的律师请到密室，一番讨论过后，双方达成一个新的协议，即不征收业主未经测量的土地，测量过的土地征收的税额不能超过其他同类土地。

9月2日，英王批准了这一议案。光荣完成使命的富兰克林本以为可以回家与家人团聚，但是现在他已是宾夕法尼亚的官方代理人，暂时不能返回美洲。

4. 短暂的议长之职

转眼间，富兰克林来到伦敦已有5年之久，这期间他从未中断与家人的联系，更是日思夜想要回到故里。1762年1月，富兰克林决定返回费城。

此时，英法正在激烈交战，必须在军舰的护航下，富兰克林的愿望才能实现。等待军舰护航时，他去了牛津大学。4月30日，牛津大学授予他民法博士学位，他的儿子威廉被授予文学硕士学位。其间朋友们也曾真挚地挽留他，还想到邀请黛博勒前往伦敦，共同生活在这里。但是富兰克林知道妻子无论如何也不会远渡重洋到这里来生活，他更不会为了自己勉强妻子。

8月23日，富兰克林终于等到护航舰队，离回家的日期也越来越近。富兰克林要离开这个曾经让他伤心的地方，这个让他为殖民地居民谋求权益甘洒热血的地方，这个承载着太多往事的地方。这次返乡，威廉没能陪同父亲，此时，他已被任命为新泽西州州长。这是业主们在背后促成的，用意当然是想影响富兰克林，使他改变立场。

就在富兰克林向费城航行时，他的儿子威廉·富兰克林与伊丽莎白·道恩斯举行了婚礼。

11月1日，富兰克林顺利返回费城，在久违的家乡他受到热烈的欢迎。家里已经挤满前来看望他的朋友们，人们埋怨他不该悄悄回家，应该提前通知他们，他们一定会派500骑兵把他迎回家里。

1763年2月19日，议长代表议会为富兰克林举办欢迎仪式，向这位代理人致谢。他还收到好朋友凯瑟琳（现在是格林夫人）的来信，请他前去做客。回信中富兰克林答应她会在夏天去新英格兰的途中前去沃里克看望她。3月，富兰克林来到儿子管辖的新泽西州，看到儿子把公务处理得极好，不但跟政敌变成朋友，还受到各个阶层的爱戴，一颗悬着的心总算可以放下。

之后的几个月中，富兰克林又身陷公事之中，开始处理邮政事务。此时，加拿大已落入英国手中，纽约和蒙特利尔及魁北克之间必须及时建立通讯联系。4月到6月间，他开始视察地方邮政工作，地点从南部的弗吉尼亚到东部的新英格兰。

当富兰克林抵达纽约时，年满20岁的萨拉·富兰克林已经等候多时，两人相约一同前往新英格兰。因为事先与凯瑟琳有约，富兰克林父女在前往新英格兰时，特意去沃里克探望格林夫妇。11月，父女俩才结束旅行返回费城。

1763年，持续7年之久的英法战争终于告一段落，北美的英法对抗也得以停止，但是这并没有给北美印第安人和殖民地居民带来和平。印第安人意识到，战争结束后将有更多的殖民者来到这里，改变他们的生存条件，甚至可能带来更为严重的灾难。包括一直友好的六族在内，所有印第安人开始惶恐不安。1763年夏，印第安人在边境线上爆发一场大范围暴动，驻守边防的军队遭到残忍屠杀。边地的居民开始自行武装起来，保卫自己。在兰卡斯特县，一些自称"帕克斯顿之子"（由帕克斯顿和多内戈尔城的爱尔兰籍移民组成的群体）的人们，却将怒火发泄到安分守己的印第安人身上。12月，五十多名"帕克斯顿之子"成员袭击兰卡斯特附近的印第安平民村庄，用野蛮的手段对这些印第安人进行残忍的杀戮，村民无一幸免。

对于"帕克斯顿之子"的所作所为，州长约翰·潘只是发布一个公告要捉拿这伙暴民，就不了了之，这在无形中助长了他们嚣张的气焰。就在印第安人感到绝望时，富兰克林善良的心受到深深的震撼，人性的良知告诉他，无论他们出于什么目的，现在自己必须对这件事进行谴责和制止。1764年1月，他顶着巨大的压力，发表题为《近来兰卡斯特县屠杀印第安人的实录》的文章，他用质朴的语言对"帕克斯顿之子"滥杀无辜的罪行进行严厉的斥责。他写道：

"有些人竟然试图掩盖其罪恶的行为，说是'他们由于自己的亲友在战争中遭到印第安人残忍的迫害而被激怒'。也许这是事实，但是，这也不能成为他们对安分守己的印第安人进行报复的理由，他们可以进入丛林去寻找那些真正的罪人，向其报复。如果一个印第安人袭击了我，那么我就可以向所有的印第安人报仇雪恨吗？我们都知道，印第安人有着部落的区别，就算不考虑部落，那些老弱妇孺又招惹了谁？他们有错吗？凭什么要他们承受这一切！任何开明的民族都不会做这样的事，现在他们的所作所为跟野蛮人有什么区别，即便是野蛮人，他们也会区别对待自己的敌人和朋友，不会是非不分。"

文章发表后，顿时引起轰动，富兰克林深情的文字唤起人们内心深处的良知，那些自称"帕克斯顿之子"的暴民们也都自觉解散。

边疆的战火刚刚熄灭，另一场没有硝烟的战争已经开始，英国政府开始在政治和经济上对北美进行严厉的压制。1764年3月，英王的忠臣乔治·格兰维尔突然宣布要向殖民地征税并控制其贸易，其中就包含一项极其不合理的议案，印花税法议案。这件事引起富兰克林的高度警觉，他看出这是一项十分危险的议案。同时，他对乔治三世的看法也有所改变，开始怀疑他能否保证殖民地人民的利益不受侵害。

3月24日，议会通过决议征求选民意见，是否要起草一份请愿书，要求英王直接统治宾夕法尼亚。4月12日，富兰克林发表《对目前公共事务之局势的冷静思考》一文，文中尖锐地指出：宾夕法尼亚出现的一切弊端归咎于其政治体制。随后，围绕着这个问题，议会分成两派展开唇枪舌剑。一派认为殖民地应保持原有的旧体制，另一派则认为应该立即对宾夕法尼亚的旧体制进行彻底变革，变业主殖民地为王家殖民地。

5月份，议会再次开会，讨论宾夕法尼亚殖民地的改制问题。会议期间，伊萨克·诺利斯由于年事已高，辞去任职14年之久的议长一职。5月26日，议会经过不记名投票，富兰克林以很高的票数被选举继任议长。富兰克林担任议长一职时间非常短暂，他仅主持了5月底议会闭会前的几天和9月份一个短期的会议。10月，宾夕法尼亚大选结束后，议会开始着手准备向英王请愿一事。10月26日，议会一致通过由富兰克再次前往伦敦向英王请愿，并授权他代表宾夕法尼亚州全权处理与殖民地事务有关的其他问题。富兰克林责无旁贷，于是，他又将踏上前往伦敦的旅程。

富兰克林打算到伦敦后，尽快处理好公务返回费城，可是他没有想到这一去竟是10年之久，他更没有想到这次和妻子的离别竟成了永别。

11月17日，在三百多名好友们的簇拥下，富兰克林与妻子话别，再次踏上出使伦敦的旅途。

5. 再次出使伦敦

在大洋彼岸，当朋友得知富兰克林近日将抵达伦敦时，无不欢欣鼓舞、欣喜若狂。1764年12月9日，富兰克林抵达怀特岛后，第一时间来到克雷文街7号，这里俨然已经成为富兰克林在伦敦的"家"。

在旅途中富兰克林偶染风寒，头痛、咳嗽还在不时地侵扰着他，可是他已经顾不上这些，1765年1月10日英国将召开国会，富兰克林必须立即开始研究怎样更好地完成此行的使命。这次赴英请愿，除了请求英王直接统治宾夕法尼亚州以外，还有一个重要的目的，阻止英王批准印花税法这一议案，这关系到整个北美殖民地人民的利益。

一天，克雷文街7号的女主人史蒂文森太太看到富兰克林伏案睡着，善良的她竟心疼得掉下泪水，心想现在劝他好好休息毫无作用，他的心里有太多放不下的事情，只好找来毛毯为他披上，防止他的感冒恶化。在史蒂文森太太眼里，她的这个租客、朋友是一个了不起的人，是一个值得任何人尊敬的人。

宾夕法尼亚的业主在伦敦都是非常有名望的贵族，为了与他们展开争夺，也为了尽快完成此行目的，富兰克林不得不游说英国当权者，小心翼翼地在不让步的前提下尽量不触犯他们，除了得到当权者的支持，必要时还得博取舆论同情。富兰克林做的第一项工作是把请愿书交给枢密院，可是富兰克林发现他们的态度极其冷淡，一直敷衍他到11月，才将请愿书呈递给大臣们。

1765年3月22日，英国国王通过委员会批准《印花税法》，将于11月生效。该税法规定，殖民地上所有的印刷品，必须加贴价格不等的印花，其中包括学位证书、商业执照、聘用书、法律文书、报纸、历书、小册子、借款单据、提货单和广告在内，共计55种需纳印花税的文件，《印花税法》还规定，如不照办必将受到重罚。英国当局实施这项议案，不仅加大北美居民的经济负担，更严重侵害了他们的权益和尊严，当即引起巨大抗议活动。

在英国国会通过印花税议案前，2月2日，格兰维尔假借英国政府想倾听殖民地代表的意见为名义组织召开一次由各殖民地代理人参加的会议，其实就是走过场。即便如此，富兰克林也不愿放弃这次机会，会上他陈述了自己对征收印花税的见解：应该按照以前那样做，由国王提出所需税额，由各殖民地议会进行相应的投票通过。现在的印花税议案不符合法律程序，它已经严重地侵犯到北美人民的合法权益。但是，格兰维尔根本听不进去这些，他想到的只是如何搜刮殖民地人民的钱财，在他眼里殖民地人民就应该忠实地服务于自己的宗主。最后，格兰维尔还以威胁的口吻告诉各殖民地代表，不要试图以闹事的手段来影响这项议案的通过，政府不会做出任何让步。

印花税提案交付下院时，只有爱尔兰籍议员伊萨克·巴雷站出来，为北美殖民地人民激烈辩护："他们是在你们的关怀下迁移的吗？不！是在你们的压迫、暴政下，他们不得不到移居到美洲未经开垦的荒凉之地求活路。他们是在你们的呵护下繁荣的吗？不！他们是在你们忽视下发展起来的。他们受到你们的武装保护了吗？恰恰相反，是他们拿起武器保护了你们！现在你们连他们仅有的积蓄也不放过！"在慷慨激昂的陈词中，巴雷先生不仅赞扬了在自由土地上成长起来的北美人民，还将他们比作"自由之子"。

尽管富兰克林十分厌恶并坚决抵制《印花税法》，但事已至此，木已成舟，与其沉浸在不可能的事实上，不如做些对该法案造成的恶果起消弭作用的实事。富兰克林向当局提出几项缓解危机的措施，如废除禁止在殖民地发行纸币的法令、各殖民地自己委派征税官。或许是格兰维尔还想缓和一下同殖民地之间的关系，富兰克林的提议很快得到他的通过。于是，他推荐自己的朋友约翰·休斯出任宾夕法尼亚的征税官。

此时，远在伦敦的富兰克林还不知道，在这件事上北美的同胞们并没有跟他站在统一战线上。这项议案遭到北美殖民地人民的强烈反对，他们还提出"要自由，不要印花税"的战斗口号，以示抗议，民间还组织起多个反英秘密组织。

1765年10月，9个殖民地的代表聚在纽约召开会议，在反对《印花税法》的问题上各殖民地竟达成高度的统一。北美的群众还以暴力行为来反对英国的暴政。其中波士顿的反抗最为激烈，征税官受到起义者的威胁，都被迫辞职。为了抗议这项议案，殖民地居民自行组织抵制英货，这样的做法令业主们如坐针毡，社会动荡不安，很多人因此失业。

不久后，英国受到这场反抗和抵制运动带来的冲击，首先是贸易急剧下滑，甚至降低一半，其次是经济利益受到损失的英国商户们逐渐站到殖民地人民的方阵中，开始反对印花税法案。

在费城，富兰克林的政敌乘机大造舆论，大量散布谣言，说富兰克林促成印花税法案的通过，并从中获利。一些受到煽动的群众扬言要烧掉富兰克林的新家。威廉得知此事后，急忙从伯林顿赶到费城，接母亲和妹妹暂避风头。但黛博勒只让萨拉离开，自己坚持不肯离开，她信任自己的丈夫，相信谣言会不攻自破，更何况在费城富兰克林的朋友要比敌人多得多。无奈之下，威廉只好请舅舅和表哥来陪母亲，并为他们配备武器。为使丈夫专心对付外敌，黛博勒在给丈夫的信中只是轻描淡写地描述了近来发生的事，信中写道："我们把一间屋子变成了火药库，并尽可能地做好防御工作。"

收到信后，富兰克林还是不免有些担心妻子的安危，殖民地人民对家人的过分行为，也让富兰克林深感痛心，但是，这一切并不能改变他为北美人民权利和尊严奋战的决心。富兰克林不能再坐以待毙，他开始为废除《印花税法》而努力。

首先，他积极接触英国政界中一些对《印花税法》持反对意见的政治家，努力与他们达成共识，并组织一个反对《印花税法》的政治同盟。他还联系在北美殖民地有商务活动的商户们，鼓动他们向政府施压。他还不断在报纸和期刊上发表文章和评论，详细地分析《印花税法》在法律上存在的漏洞，会给英国和北美的经济带来损害，并充分表述了北美人民抵制它的决心。

在富兰克林的努力下，英国政界和社会上出现一股反对《印花税法》的强大势力。在对待这一问题上格兰维尔还是坚持自己的错误立场，这不但引起多数人的不满，就连一直信任他的乔治三世也开始有意疏远他。随后，这位英王的替罪羔羊被迫辞职。

12月4日，许多反对《印花税法》的人聚在金斯阿姆斯酒店，筹备联合上书向英王请愿，废除此法案，并打算在下院安排一次听证会来证明该法案的错误之处。迫于压力，国会决定于12月17日和次年元月14日召开会议讨论是否要废止印花税法。国会期间，富兰克林也积极做着努力，虽然不能直接在国会上说出自己的意见，但他可以利用报纸将国会辩论的情况告诉公众，并匿名向报社写信，抨击支持印花税法案的政客们。他的不懈努力终于有了结果，国会上支持废除《印花税法》的一方邀请他参与此次会议。

1766年2月13日，做好准备的富兰克林怀着激动的心情参加听证会。会上，各派人士争先恐后地向他提出一个个尖锐敏感的问题，富兰克林侃侃而谈，巧妙地回答着他们尖锐的问题，并借此机会陈述着北美殖民地人民对《印花税法》问题的立场和反对到底的决心。富兰克林的慷慨陈词，迎来与会者的热烈掌声，反对派则显得惊慌失措、哑口无言。

2月21日，部分议员提出的废除印花税提案得到国会同意。3月8日，英王乔治三世正式签署废除《印花税法》。

事后，富兰克林与议员之间的精彩答辩以"讯问"为名在伦敦、波士顿、纽约、费城和威廉堡等地发表。当废除《印花税法》的消息传到北美后，人们无不欢欣鼓舞，各地纷纷举办庆功会。许多人都称这件事有自己的功劳，一些人把功劳归功于贤明的君主，还有一些人把功劳归功于英国的与殖民地有关的商人们，更多人选择感谢富兰克林，即便大家都在努力，如果没有富兰克林，这件事也不会这么快得到解决。在北美殖民地人民眼中，富兰克林是当之无愧的英雄。富兰克林睿智、果敢、绝不放弃原则的雄辩，使敌对者失去士气，为同盟者增强信心，对最终胜利做出了不可磨灭的贡献。他不仅捍卫了殖民地人民的利益，更为他的同胞们赢得了尊严。那些诋毁富兰克林的谣言，也因此不攻自破，曾经企图伤害富兰克林家人的不明事理之人还前往他的家中向其夫人请罪。

当殖民地人民还沉浸在胜利的喜悦中时，富兰克林的内心却产生几分忧虑，在废除印花税的同时，国会还通过一项议案，即英国国会"在任何情况下都有权颁布对殖民地有效的法律，包括征税在内"。除此之外，这场斗争给富兰克林带来很大震撼，它直接改变了富兰克林的帝国观，使他不得不承认自己当初所设想的帝国联合体是行不通的，因为现在的北美已经跨过幼稚阶段逐渐走向成熟。

第五章 割舍不下的情感

1. 不曾放弃的科学研究

1766年2月，废除印花税法后，富兰克林写信给宾夕法尼亚州议会，要求准许他回费城，苦苦的等待并没有换来好消息，州议会决定任命他为下一年该州驻英代理人，回家的愿望就此破灭。自1764年富兰克林再次出使英伦，到这时已有两年多时间，在漫长的岁月中，他无时无刻不在牵挂着远方的家人，幸好还有科学研究让他找到乐趣，以至于思念的日子不再苦闷。

虽然不能回家，但富兰克林还是得到一段短暂的休息时间。在此之前，他就听说过在德国的汉诺威的皮尔蒙特那里有富含铁质的水，现在终于有机会前去品尝。6月，他约上王后的御医——他的好朋友约翰·普林格尔一同前往皮尔蒙特。在德国他们受到热烈的欢迎和至高无上的礼遇，德国皇家科学学会吸收富兰克林和普林格尔为学会会员。7月19日，两人还应邀出席格丁根的学会会议。在汉诺威，他们去拜访了皇家医院的院长，并参观他的电学仪器设备。然后结束短暂的行程，返回伦敦。

冬天，一个年轻的学者从沃灵顿来到富兰克林位于伦敦的家中，他是约瑟夫·普利斯特里，专门从事电学和化学研究，最近他打算编著一本关于电学史方面的书，希望得到富兰克林的帮助。同样对电学感兴趣的富兰克林，得知他的来意后，不但尽可能地为他提供所需要的书籍，还将自己当年轰动一时的费城风筝实验的全部详情都如实地介绍给他，并将其推荐到皇家学会。在科学研究上的共识，使两人成为十分亲密的朋友。

一次，富兰克林在泰晤士河上航行，那些船夫告诉他，运河里的船在水位低的时候航行，速度要比水位高的时候慢很多，具体原因船夫们不得而知。富兰克林研究后发现：

运河中的船，在航程中必须连续不断地将等同于整个船底在水中所占的体积的水，排向船的后方；同时，水在移动时必须经过船的两侧和船底，再到船身的后面去；如果船底的水移动时因水位低而受到阻碍，就会有更多的水从船的两侧流过，而且流速也会更急，这样一来，船就相当于逆水行进，所以行进的速度就会放慢；也可能是，船在前行时，船后方的水位会变得低于船前方水位，由于水位差异，前面的水的重量就会压着船身向后退，船行进的速度就会减慢。

为了证明自己的推论，富兰克林还做了一个模拟实验。1768年5月10日，富兰克林将关于船速在深水和浅水中的差异的一份实验报告，寄给他的好朋友——皇家科学学会会长普林格尔。

一个偶然的机会，富兰克林在分析英语的语音时，发现有6个英文字母完全可以用其他字母代替，于是，他开始着手研究语音学，准备制定一套新的字母表用以改革拼写，这个愿望直到1779年才得以实现。

1768年8月，丹麦国王克里斯丁七世来访英国。10月1日，克里斯丁七世与皇家科学学会的莫尔顿勋爵和富兰克林同进晚餐，讨论学术问题。

1769年，富兰克林当选美洲哲学学会会长，随后他出版了《电学实验与观察》，这已经是他第四次修订该书，书中还附加了他写给亲友们的信件，统一整理成《哲学题目信札集》，其内容涉及多个学科。1772年12月该书被巴尔杜·杜勃格译为法文，并于次年7月出版。

1772年5月，富兰克林受到军械局的邀请参观军火库，其实军方是以参观的名义，请教富兰克林如何保护军火库不遭雷击。28日，富兰克林应邀前往，建议他们采用避雷针。8月21日，富兰克林为此撰写一份报告给委员会，极力促成此事。富兰克林的报告得到大多数委员的认可，只有电学家威尔逊提出异议，他认为最好把尖头避雷针改为钝头避雷针。但是他的意见并没有被采纳。1772年8月，富兰克林被法国皇家科学院任命为"外国会员"。

1773年，富兰克林在感冒和油对有浪的水面的作用两方面展开研究。对于感冒，他发现这不仅仅是受凉而引起的这么简单，它还可以通过与病人接触、某种特殊的空气而被感染。

对于油对有浪的水面的作用，富兰克林做了大量的实验，证明油对波浪的平息作用。富兰克林之所以会对此感兴趣，是由于在1757年乘船前往伦敦的航行中，他无意间发现被船放过污水后的海面变得平静，因此，他联想到曾经读过的一本书，书上说当水手在遭遇狂风暴雨时，为了平息海上的巨浪，往往向海里倾倒油脂。从那之后，他就一直研究这个问题。不久，他的实验在一个半英亩大的池塘中获得成功，他仅用一茶匙的油就使整个池塘的波浪得到平息。富兰克林并没有满足于这次实验的成功，他决定在海上进行一次大规模实验。

10月，富兰克林在三名皇家科学学会会员的陪同下来到朴次茅斯做此实验。他们选择一个刮风的日子，兵分三路同时进行实验，一组乘坐一艘商务用大艇，一组乘坐一艘驳船，一组留在大艇的对岸，观察海浪并作记录，首先大艇从港口驶离海岸14英里，接着乘驳船的一组驶离大艇14英里，然后向海面倒油。最后，这次实验没有得到预期的结果，在岸上的一组并没有观察到覆盖油的海面与别处海面有所不同。但是在大艇上的人们却证实了富兰克林的观点，他们看见两船之间的确出现一块平静的海面。为了利于以后再做此实验，富兰克林在详细地分析海水在风的推动下涌起波浪的原理后，对此次实验失败的原因作了如下分析：

1.海水受风的作用而起波浪，风的作用会持续不断影响海水；

2.时间短，因此效果不明显；

3.倒出的油量太少，导致效果不明显。

1774年6月2日，富兰克林的实验报告在英国皇家学会的《会议记录》上发表。11月，实验报告被译成荷兰文转载于巴黎的一家刊物。

在实验的同时，富兰克林积极地同科学界名人交往，其实这并不仅仅是为了自己的科学研究，更是为了让欧洲科学界名人、学者通过自己了解和认识北美殖民地，因为他的心无时无刻不在牵挂着家乡。

2. 拓展西部计划

英国对殖民地的剥削并没有因为《印花税法》的废除而停止，反而变本加厉。1766年7月，罗金厄姆内阁倒台，英王授权卡塔姆勋爵组成联合内阁。不久后，由于卡塔姆痛风病发作，不能处理政事，财政大臣查尔斯·唐森德趁机夺过领导权。

自1767年起，在唐森德的领导下，英国政府先后颁布几项条例。其中一项条例规定：从英国运往殖民地的货物必须征收入口税，用以支付殖民地司法和行政的费用。同时还规定英国收税官有权闯入任何殖民地的房屋搜查违禁和走私物品。除此之外，还颁布一项条例：废除纽约议会，原因是在1765年英国颁布条例向殖民地征收特别税，用来支付殖民地境内的英国驻军的开支时，纽约州不但不及时缴费，还率先起来反抗这一条例。

唐森德的做法激起了北美殖民地人民的愤怒，富兰克林敏感的政治嗅觉让他十分不安，如今北美殖民地与英国政府之间的关系愈发紧张，英国政府压榨殖民地的政策正使殖民地渐渐离它而去。在废除印花税之前，富兰克林就已怀疑过，在英国政府的眼中有没有将北美殖民地当作自己不可分割的一个部分。虽然有过怀疑，但他还是希望两者由于共同利益而紧密联系起来。

为了心中仅有的希望，富兰克林开始筹划进一步拓宽殖民地的领土，将殖民地推向更加宽广的北美西部。这个计划并不是无中生有，早在1763年，一些白人移民就曾向英国政府提出，要购置印第安人的土地。1765年，有人曾提议成立一个公司，从占领其领土的法国移民手中购回那片土地。1766年，威廉·富兰克林、约瑟夫·加洛维和费城的一些商人也曾商谈过此问题，不过他们不打算向法国人购买，而是向英国政府提出请求，得到以俄亥俄河、密西西比河、瓦巴什河和威斯康星河为界的约120万英亩的土地。

与富兰克林有同样想法的，还有内阁中负责殖民地事务的大臣——年轻的舍尔伯恩伯爵。由于舍尔伯恩身处的职位，他跟北美殖民地人民接触颇多，这使他对北美殖民地人民的要求深感理解，对于富兰克林更是充满敬重之情。一次，在与富兰克林的接触中，他把想开拓北美西部地区作为新殖民地的计划，告诉给富兰克林，经过一番深入的讨论后，他们在将领地拓宽到北美西部这一问题上达成一致。

为了尽快促成此事，富兰克林和舍尔伯恩准备邀请王室中负责印第安人事务的总管威廉·约翰逊加入进来。至于投资者，则由富兰克林在英国的投资者中物色。

1767年8月，在一次进餐时，富兰克林从舍尔伯恩和国务大臣亨利·西摩·康韦将军那得知，他们正在争取把处理印第安人事务的权力从王室手中转给各个殖民地。24日，富兰克林把这一好消息写信告诉给儿子：

"我抓住这个机会，提到你们的计划，我告诉大臣们在伊利诺斯境内设立一个居民点，可以节省不少的开支。计划已得到威廉·约翰逊爵士的赞同，现在只要同商务部沟通一下，就基本可以定下来，你们可以提前做些准备。"

事情并没有富兰克林想象的顺利，9月，英国内阁出现变动。唐森德突然去世，英王下令由诺思勋爵继任。国务大臣亨利·西摩·康韦将军离职，舍尔伯恩也将殖民地事务的管理权移交给希尔斯伯罗勋爵。而新上任的希尔斯伯罗对西部殖民地根本不感兴趣。但富兰克林并没有放弃，还在为之奔波忙碌。

1769年初，该计划的参与者们派塞缪尔·沃顿作为代表从费城来到伦敦，希望促成该计划。6月，他向商务部提出申请，希望得到去年英国同印第安六族签订《斯坦威克斯条约》时获得的大片印第安人土地中的250万英亩土地。条件是公司将支付英国同印第安六族签订《斯坦威克斯条约》时的所有费用，还会另外再支付一大笔费用。由于他们的条件对英国政府充满诱惑力，希尔斯伯罗还怂恿他们将250万英亩土地增加到2000万英亩，并表示愿意尽自己所能帮助他们。1770年初，财政部同意他们的申请。就在大家开始准备实施计划时，曾表示支持这一计划的希尔斯伯罗，却在次年4月提出相反的意见，意在终止这一计划，但为时已晚，这个计划已经牵扯到许多人的利益，其中包括英国政府中的许多大臣、要员和在对法、对印第安人的战争中服过役的军队官兵，因此，这一计划必将进行下去。

1772年，这一计划到了最后的决议阶段。富兰克林和沃顿四处活动，希望争取到更多人的支持。希尔斯伯罗坚持反对意见，并以辞去现任的职位相要挟，不准通过这一计划。在6月5日举行的听证会上，一场精彩绝伦的辩论赛悄悄上演，辩论结束后，委员会决定否决希尔斯伯罗的反对意见。最终，沃顿赢得他们申请的土地，希尔斯伯罗也按照自己所说的辞了职，随后，该职位由达特茅斯勋爵继任。

因为此事，希尔斯伯罗对富兰克林怀恨在心，他以为自己的失败是由富兰克林一手造成，但事实上，他失败的原因是他为人太过招摇、树敌太多，正是他在枢密院中的政敌从中作梗，使他败北。1774年，富兰克林被英国内阁中伤并解职，经历这么久的争斗，富兰克林已深感厌倦，他决定放弃自己在沃顿公司的股份。

3. 游历法国

1767年8月，富兰克林和普林格尔相约游历法国。法国驻英国公使馆的杜兰德一直十分敬仰富兰克林，现在有机会得见本人，更是十分欣喜，在他的殷切请求下，富兰克林答应同他共进晚餐，席间他问了富兰克林许多问题，并给了他们许多介绍信。对于杜兰德的大献殷勤，富兰克林有着自己的理解，他认为这是一个阴谋，法国想要借此机会挑拨英国与北美殖民地之间的关系。但是在后来游历法国的经历中，富兰克林改变了自己对于法国和法国人民的印象，并承认自己对杜兰德有些以小人之心度君子之腹。为此，富兰克林在以后与杜兰德的接触中，极力地弥补着自己所犯的错误。

在富兰克林和普林格尔到凡尔赛宫时，他们有幸觐见法国国王。法国国王并没有想象的那么严肃，他还十分热情地同他们打招呼并进行交谈。那天晚上，他们还应邀在宴会大厅同王室家族成员共享晚宴。席间，法国国王同他们交谈甚多，并给予他们至高无上的荣耀。

富兰克林早已习惯费城整齐的街道，与之相比，巴黎的街道似乎太随性。如果比起街道的拥塞，巴黎则更胜一筹，因为巴黎人更喜欢步行。

富兰克林发现同英国人相比，法国人显得更有风度。在给妻子的信中他这样写道：

"在这里有一种普遍流行、既定的看法，外地人应该受到尊敬。一个外地人在这里可以享受到一位女士在英国受到的待遇。我们在布格涅旅行时，当地友好的人们送给我们两打上好的波尔多葡萄酒，按照当地的法律，人们（当地人）是不允许把这种酒携带出去的，可是当海关的官员得知我们是外地人时，马上就放我们通行了，这足以见得外地人在当地受到多么大的礼遇。还有一件事让我感到诧异，一日，我们听说巴黎圣母院为了纪念逝去的皇太子妃，会有一场盛大的关于图形的灯展，按捺不住好奇之心的我们决定立即前去观看，到了那里后我们发现门口有大量的人群被卫兵挡在外面，当时我们心想这一次会失望而归，可是，当军官听说我们来自英国后，不但立即把我们迎进院内，还一直陪伴在我们身边，为我们讲解所有的东西。通过这几件事，使我不得不反思，为什么在我们的国家，不能如此优雅地对待法国人呢？为什么在有些事上他们远远超过我们呢？"

后来，富兰克林猜想到，有可能是因为法国驻英国公使馆的杜兰德为了使自己在法国受到官方的礼遇而做了努力。其实，即便是没有杜兰德的推荐，作为科学家的富兰克林也会受到礼遇。对富兰克林来说，在法国过得最开心的时光，就是同巴黎那些博学多才的人们相处的时候，自由、友好的科学研讨氛围令富兰克林流连忘返，甚至不愿回到伦敦。当关于富兰克林费城风筝实验的消息传到法国时，达利巴德最先在法国按照他的建议从天上取下雷电。当达利巴德得知富兰克林来到法国时，几次邀请他到家中做客，希望一睹科学家的风采。在达利巴德家，富兰克林受到了达利巴德夫妇热情的招待，他们告诉富兰克林，在法国，科学家们都以被称为"富兰克林派"为荣，这里同英国一样，也是富兰克林的国家。

在巴黎，富兰克林虽然结交到很多科学家朋友，可他此行结识的最重要的朋友却是经济学家。在他和好朋友在为返回伦敦做准备时，他接到法国国王御医的邀请信，此人名叫弗朗索瓦·奎斯内，不仅是御医，还是重农主义的一个学派的领袖，曾经受到德·米拉波侯爵（法国大革命中革命演说家米拉波的父亲）的善待。奎斯内等经济学家有缘读到富兰克林在听证会上的答辩，他们欣赏富兰克林，对他在政治领域、自然哲学领域的作为倍加赞赏。直到谈话结束，富兰克林也没有完全弄清楚他们的学派是怎样一个组织，但是让富兰克林感到受益匪浅的是，在他眼里杂乱无章的经济现象，在奎斯内他们那里却成为一个体系，这给富兰克林很大的启示。

富兰克林在回到伦敦后，还不时思考奎斯内等人的经济体系，通过这个经济体系，他剖析了英国是一个什么样的国家，在给妻子的信中他这样写道：

"究其根本，英国是一个喜欢超过它们实际价值的制造业产品的国家。因为只有农业种植才是财富的真正来源，它生产出来的东西才称得上真正的、新的财富，而制造业不过是将其转换一种形式，不论制造业产品被定以什么样的价值，在制造的同时它们也消耗掉同样价值的原材料。因此，制造业不能增加财富，制造业产品唯一的优势是使货物更加便于运输。"

一年后，富兰克林再以奎斯内等人的经济体系来总结自己的观点时，又把它重新定义到一个更加敏锐的高度：

"一个国家要想获取财富，途径只有三种：第一种是战争，如同抢劫一般；第二种是商业，不同意义上的欺骗；第三种是农业，唯一诚实可靠的途径。只有通过这一途径，人们才能收获真正的财富，并且是连续不断的财富。"

此时，富兰克林内心对于英美统一的帝国梦想已经彻底破灭，他已经找到英美之间的真正差异，那是一种自然赋予的差异：广袤的北美殖民地可以靠农业生活，而狭窄的岛国只能局限于经营工商业。想要调和这种利益上的冲突几乎是不可能完成的任务，但富兰克林还准备为此做些努力。

1769年7月至8月，富兰克林和普林格尔结伴第二次游历法国。与第一次不同的是，此时富兰克林已成为美洲哲学学会会长，因此，在法国人眼中，他就是美洲学术界的正式代表。与第一次相同的是，在这里他同样受到了礼遇以及热情的接待。

4. 担任四州代理人

1767年9月，由于唐森德去世，英国内阁发生人事变动。随着新内阁的成立，一项新的条例传到北美，新条例规定向北美殖民地派出收税的官员，收取关税、稽查走私货品，条例中还指出将特别"关照"波士顿。加上之前颁布的几项条例，英国政府一直向殖民地横征暴敛，在殖民地人民心中关税已成为一种赋税，不断地压迫着他们。殖民地人民开始采取各种反抗与抵制活动。

富兰克林肩上维护北美洲殖民地人民权益的重担还没来得及放下，就又要重新担起。1768年，富兰克林接受委托担任起乔治亚州议会的代理人。

在伦敦生活已有一段时间，他结交的志同道合的朋友也有很多。富兰克林开始向他的朋友解释殖民地人民进行反抗和抵制活动的正当性，让他们了解殖民地人民并不是蛮不讲理、不可理喻的。有朋友建议富兰克林将自己的看法发表出来，引起更多人的注意。

11月7日，他准备在《伦敦邮报》上发表一篇名为《1768年以前美洲人不满之原因》的文章，但这家报纸却在没有征求富兰克林同意的情况下就自行增删，刊登出来后，文章已被改得面目全非。直到1774年，这篇文章的全文才在美洲发表。气愤的富兰克林在给儿子的信中这样写道：

"他们在没有得到我的允许的前提下，就私自修改我的文章，他们拔去它的牙齿、剥掉它的指爪，使它既不能抓，又不能咬。"

在这篇文章中，富兰克林还是抱着英美联合的愿望，竭尽全力地从中调和此事，为殖民地人民的斗争辩解：如果王室有需求，需要北美殖民地拨款，他们会义不容辞，但是这个决定权不应该由英国人掌握。

接二连三的条例使北美殖民地人民感到，这不仅是没有经过他们同意就向他们征税，而且还将他们置于英国人的专制统治之下，并以宪法和自由相要挟。富兰克林假借殖民地人民的嘴告诉当局政府，尽管美洲人是忠诚于英王的，但美洲人民是不会屈服的：

"现在，运用我们自己的力量来保护我们自己的时候到了。让我们团结起来，相互约定：从此不买他们要征税的英国货；给那些新来的收税官制造点小麻烦；不再使用他们那些华而不实的小玩意儿；让我们节俭度日；让我们用勤劳的双手自力更生丰衣足食吧！"

作为外交人员，富兰克林一心想促成英美联合，但是身为哲学家和思想家的他又不得不考虑，英美都是英王的臣民，两地政府应该是平等的关系，英国国会是没有权利向殖民地征收任何税款的。内心的矛盾让富兰克林左右为难：英国政府认为他亲美；美洲殖民地认为他亲英。即便如此，富兰克林还是坚持力图弥合双方的分歧。

身在伦敦的富兰克林还不知道，北美殖民地的形势已发生翻天覆地的变化。1768年，马萨诸塞州议会最先发起号召，并联络弗吉尼亚议会，向其他殖民地发出呼吁：各殖民地人民团结起来抵制英国政府的苛刻条例。英国政府不但没有做出改变，反而对他们采取一贯的打压政策，马上颁布一项新条例：解散马萨诸塞州议会。

1768年至1769年冬，殖民地与英国政府之间矛盾频发，英国政府对此采取更加强势的决策，准备随时下令将殖民地领导反抗的头目以及强硬分子拘留起来，送往英国，以亨利八世时的叛国罪将他们判刑。这一决策彻底惹怒了殖民地人民，最先起来反抗的是波士顿的商人，在他们的带领下整个殖民地的人民都站起来反抗残暴的英帝国，起初是抵制英货运动，接着用武力抵抗英国税吏的搜查和压迫，并要求英国政府废除这些近乎苛刻的条例。1769年，华盛顿把一份由乔治·梅森起草，华盛顿和托马斯·杰斐逊联名的弗吉尼亚决议引进下院。这场小规模的反英运动最终以殖民地人民胜利收场，抵制英货的结果直接造成英国的贸易总额剧减，无奈之下，英国政府只好废除相应条例。反英运动发生后不久，富兰克林先后被新泽西、马萨诸塞委任为代理人。

双方之间的关系虽然得到暂时的缓和，但矛盾并没有消除，因为其中的利害关系根本无法调和：英国统治者为了发展本国的资本主义工商业，就一定会采用各种手段打压、摧残北美殖民地的工商业。在利益的考量下，英国的商人们这次不会站在殖民地人们的一边，而此时的殖民地人民还没有完全做好准备，各殖民地还没有统一，在他们当中还有很多人依旧愿意效忠英王。

就在此时，波士顿发生的一件事，让人们更加看清楚了英国政府的嘴脸。在波士顿，英国政府对进行反抗的殖民地人民采取了血腥的镇压，酿成"波士顿惨案"。

自英国两团正规军驻防波士顿时起，他们就不停地挑起事端，根本无视殖民地的法令，因此，殖民地人民和英国驻军经常发生冲突。1770年，双方的矛盾冲突逐渐升级。2月，英国税吏开枪杀死一名儿童，引起波士顿人民的强烈愤慨，导致工人们与英国驻军第二十团发生正面冲突。一波未平一波又起，3月5日，波士顿发生一起英军凌辱学徒的事件，被激怒的殖民地人民聚集到英军的驻地，向凌辱学徒的英军投掷雪球以示抗议，英军指挥官普利斯顿上尉当即下令开枪，包括水手、学徒、工人在内的5名群众当场被枪杀。

此时已是四州代理人的富兰克林，丝毫没有犹豫，更是义不容辞地站在殖民地的一方，为北美殖民地人民的利益据理力争。富兰克林曾预言压迫的加剧和革命的发生将在所难免，1771年5月15日，给通讯委员会的信中，他写道：

"我想大家现在看到的情况再清楚不过，在英国政府决定向北美殖民地收取关税时，两个国度彻底决裂的种子就已播下，尽管它可能离我们还十分遥远。

"为了镇压殖民地人民的不满与反抗，英国政府会采取更加严厉、苛刻的措施来恐吓他们，于是，更大的军事力量将被用于保证措施得以执行，与此同时，费用也会随之增多，英国政府必将进一步地压榨殖民地人民，如此恶性循环，殖民地与英国政府之间的矛盾只能越积越深。如此一来，英国政府就会变得可憎，要想让殖民地继续臣服于它将变得难上加难。战争是迟早的事，最终不是以美洲被绝对奴役结束，就是以英国失去殖民地而告终。就目前的形势看，后一种结果占据着绝对的优势。

"我不敢妄言说自己是预言家，但是历史足以证明，按照这样的事态发展方向，伟大的帝国必将化为泡影。目前我们正要走上相同的道路，如果双方不能做出明智和谨慎的决定，我们必将得到同样的下场。"

尽管富兰克林已经预见到美英之间的矛盾冲突必将加剧，但他还是想通过自己的努力，阻止这场灾难的到来。

5. "赫金森信札"事件

在北美殖民地与英国政府矛盾不断加剧之时，英国内阁对富兰克林的敌意也日渐加深。身为北美殖民地的代理人，富兰克林总是同内阁作对，当内阁提出涉及北美殖民地利益的政策时，都会触动他的警觉，并有所行动，或游说政府要员，或向报纸投稿引起公众注意，尽管在他的言语间永远透露着对英王的尊重，但是涉及殖民地人民利益部分他绝不让步。除此之外，希尔斯伯罗虽然辞职，但他对富兰克林的仇恨，让他鼓动自己的朋友——深受英王青睐的内阁诺思勋爵去排挤富兰克林。英国内阁一直在寻找机会，准备将富兰克林驱逐出英国政坛和英美事务。1773年至1774年，当"赫金森信札"事件出现时，英国政府意识到将富兰克林赶走的机会出现了。

"赫金森信札"事件轰动一时，在反对《印花税法》的斗争中，身为马萨诸塞人的马萨诸塞州州长托马斯·赫金森和首席检察官安德鲁·奥利佛，竟然不顾自己人民的利益，站在英国政府一方，反对并破坏当地的民众组织，愤怒的波士顿民众，破坏了他们的房屋。不甘心此事就此作罢的赫金森和奥利佛给在格兰维尔和诺思手下工作的英国官员托马斯·惠特利写了10封信，信中多次提到希望英国政府对殖民地人民的反抗斗争施以高压。这些信寄给惠特利后，被转呈给格兰维尔、诺思等内阁大臣，他们的建议为英国政府对北美殖民地实施高压政策起到推波助澜的作用。

1770年6月，托马斯·惠特利去世，这些信就落入其他人手中。后来，有人把这些信交给富兰克林。富兰克林看完信，觉得信的内容应该让马萨诸塞州议会的领导人知道，让他们把矛头对准真正的敌人，更是为了让马萨诸塞州的革命领导人意识到英王和内阁是错信了小人的报告和建议，才对殖民地使用高压政策。至此，富兰克林还在为英美联合做着不懈的努力。抱着这样的信念，于1772年12月2日，富兰克林将10封信的原件寄回波士顿，并给库辛写了一封信说明自己的看法。马萨诸塞州的议会领导人看到那些信件后，非常愤怒，立即要求英国政府解除赫金森和奥利佛的职务，并将信件公之于众。

1773年12月，"赫金森信札"事件波及伦敦，并引起一段丑闻。这些信的主人——托马斯·惠特利的遗嘱执行人、弟弟威廉·惠特利——遭到流言蜚语的指责，说他不该让那些信件出现在公众的面前。无辜的威廉·惠特利在受到舆论谴责后的第一反应就是要查出到底是谁将信公布出去。他回忆起，在这些信被转寄到美洲之前，大概在1772年10月左右，只有海关官员约翰·坦普尔曾来找过他，请求拿回自己从美洲写给托马斯·惠特利的信，威廉·惠特利当时并没有多想，就允许他拿走了一些信。

于是，惠特利把整件事的矛头指向坦普尔，坦普尔则问心无愧地告诉惠特利，他当初只是拿走了自己写给托马斯·惠特利的信，并没拿走那些被公开的信件。互相指责的两个人在报纸上展开辩论，坦普尔还向惠特利提出以决斗的方式解决此事，证明自己的清白。12月11日，两人相约来到海德公园，用枪和剑进行了决斗，最后以惠特利受伤结束，但两人的仇怨并没有化解，此事也没有得到解决。

当坦普尔和惠特利在报纸上展开辩论时，富兰克林就想为自己的朋友坦普尔澄清这件事，可是他已经答应库辛，既不会告诉别人信是他寄走的，也不会说出库辛是收信的人。坦普尔和惠特利决斗的事，富兰克林并不知情，当时他不在城里，如果他知道一定会阻止这场闹剧的发生。就在大家都以为这件事将就此结束时，惠特利通过报纸告诉坦普尔，等到自己的伤好后，要再决斗一次。富兰克林认为该是他站出来澄清此事的时候，于是，他采取了一种最直接、最简单的平息舆论的方法。

12月25日，富兰克林在《公众广告》报上刊登一篇声明，告知公众此事与坦普尔和惠特利一点关系也没有。在声明中，他只是说出自己将承担一切责任，至于他从什么人手中得到信和把信寄给谁，丝毫没有透露。正愁找不到机会赶走富兰克林的英国当局，立即把罪责全部集中到他身上。

1774年1月8日，枢密院通知富兰克林，将于本月11日召开听证会，讨论是否撤除赫金森和奥利佛的职务。富兰克林立即把这一消息告知马萨诸塞州议会代理人阿瑟·李和马萨诸塞州参事会代理人博兰。在听证会的前一天，富兰克林得到消息称，赫金森和奥利佛的代理人伊斯雷尔·莫杜特已经受到枢密院的接见，这就意味着富兰克林将非常被动。

11日，听证会按时召开，替赫金森和奥利佛辩护的律师是副检察长亚历山大·韦德伯恩，他同死去的托马斯·惠特利有着深厚的交情，而且在向北美西部拓展的计划上，他同希尔斯伯罗站在同一立场。这足以看出英国内阁的特殊用意，他们想借此机会铲除富兰克林这颗眼中钉肉中刺，同时否定马萨诸塞州议会的请愿书，打击北美殖民地的反抗热情，从而达到一石二鸟的最佳效果。听证会上，富兰克林成了委员们的攻击目标，看到情况不利于自己，富兰克林想到一个缓兵之计，他提出要有律师在场才肯回答委员们的提问。因此，枢密院决定两个星期后，就此事举行第二次听证会。

1月29日，第二次听证会召开。不大的屋子中挤满了各界人士，有富兰克林的朋友，有他的敌人，还有一些看热闹的好事者。听证会正式开始，首先由富兰克林的律师约翰·邓宁发言，他指出，这既不是法律诉讼案，也不是检举弹劾，这只是殖民地人民不满个别人的行为，提出撤销赫金森和奥利佛职务的请求，其目的是希望恢复两地间的和平友好的关系。邓宁竭尽全力使整件事的注意力远离富兰克林，但是英国政府举办听证会的目的就是要除掉富兰克林，所以任凭他怎么努力也是于事无补。

随后，韦德伯恩进行辩护，并不时地把矛头引向富兰克林。由于富兰克林不肯将信件涉及的其他人供述出来，所以他只能任韦德伯恩肆意中伤自己。

面对莫须有的指控，这位68岁的老人显得异常淡定，当他的朋友们都在为其愤愤不平时，从他的目光中却流露出一种圣洁得连敌人都要羞愧三分的神情，他知道此时争辩已毫无意义，能做的只有沉默，虽然这也意味着认罪。

事情按着英国内阁所期望的方向发展着，委员会最后的决定是立即向枢密院提交报告驳回马萨诸塞州议会的请愿书。第二天，富兰克林收到解除北美邮政总代理职务的通知，这更加表明英国政府早已准备除去富兰克林。

2月7日，委员会的报告得到枢密院批准，这意味着在不久之后英王必将否决请愿书。

莫杜特公开发表"全套赫金森信札"，外加政府处理此事的经过叙述以及韦德伯恩的辩护过程。这样做的目的，显然是想损毁富兰克林的名誉。在朋友的劝说下，富兰克林决定发表一篇名为《关于赫金森信件的短文》作为此事的回击，不幸的是，这篇反击的文章未被发表。

在当时的情况下，富兰克林考虑最多的还不是自己，而是英美关系的前途。2月15日，在给库辛的信中，他这样写道：

"大家都以为，在那种场合下我会愤怒得发飙。但是，当时我所考虑的并不是我个人的感受，因为它早已融化到我对公共事务的忧虑中。当我看到请愿书遭到当局如此的憎恶，唯一传输它们的渠道也遭到破坏时，我真的不知道，和平和统一该怎么在这个帝国的不同组织之间保持下去或得到恢复。"

韦德伯恩和英国内阁都以为这件事会影响富兰克林，会使他失去朋友的信任，会让他失去北美的拥护者。但事实恰恰相反，富兰克林不但没有失去朋友的信任，反而得到更多朋友的理解与支持；他不但没有失去在北美的拥护者，反而使曾经怀疑他亲英的人们又重新支持他、信任他。现在，富兰克林又成了北美殖民地人民的英雄。

6. 竭尽全力放手一搏

英国和北美殖民地之间的关系日益恶化。在废除一些不公平条例时，茶税并不在废除的范围之内，1773年下半年，茶叶成为双方斗争的导火索。北美人酷爱饮茶，茶叶已成为人们生活中不可缺少的日常必需品，但北美并不能生产茶叶，大部分茶叶是商人通过走私运来的。

1773年，英国政府为救援濒临破产的东印度公司，颁布一项新条例：允许该公司在北美殖民地廉价销售积压茶叶，并只对其征收少许茶税，在运送茶叶时，还可捎带其他货物。同时，新条例还规定禁止北美殖民地人民购买走私的茶叶。这样的政策一定会使殖民地正常的市场贸易受到干扰。殖民地的走私商人们对此感到空前的恐慌，他们必须有所行动，于是，各殖民地的走私商人们便以爱国的名义，发动群众，抵制东印度公司的茶叶。各地群众积极响应，在波士顿，一批青年在韩寇克和塞缪尔·亚当斯的支持下，还组织起波士顿茶党。1773年12月16日，波士顿茶党的成员装扮成印第安人，劫持了东印度公司的三艘茶船，并将价值18000英镑的342箱茶叶倒入大海。随后，在纽约、新泽西等地，也都发生类似事件。

1774年，为了镇压殖民地的反抗运动，英国政府重新颁布五项高压法令：

1．在波士顿人民偿还被毁茶叶的价款前，封闭波士顿海港，断绝波士顿一切对外贸易。

2．取消马萨诸塞地方宪法，进行政治机构改组，州参议院议员以及马萨诸塞的一切官吏都由英王或其委派的州长任命、罢免。

3．扩大1765年驻营条例规定的英国驻军的居住权限，英军可以在旅馆、酒店及其他公共建筑物自由驻扎。

4．如果英国官吏犯罪，不得由殖民地政府审判，须移送到英国或英属加拿大东部的诺法斯科西亚审判。

5．将俄亥俄河以北、宾夕法尼亚以西的土地，划归到英王直辖殖民地魁北克。

这五项法令就像一把火点燃了北美殖民地人民心中的愤恨，他们将它称之为"不能容忍的法令"。整个北美殖民地人民群情激愤，一场抗议运动如火如荼地展开，空前团结的各地人民纷纷赶往波士顿，支援那里陷入绝境的人民。

1774年6月，塞缪尔·亚当斯起草公约，号召美洲人民抵制英货，各地纷纷响应。同时，北美各殖民地还纷纷建立起反英斗争的革命组织。9月5日，北美各殖民地议会派出代表前往费城，召开第一届大陆会议，共同商谈反英大计。会上，北美殖民地独立的主张正式被提出。

此时，远在伦敦的富兰克林还在为避免战争的爆发做着最后的努力。经历"赫金森信札"事件后，富兰克林已经对英国国王与内阁不抱任何希望，但一些明智的大臣却找到他，希望他出面调停此事。

最先找到富兰克林的是病休三年后复出的卡萨姆勋爵。卡萨姆高度地赞扬富兰克林一番后，把话题转到北美殖民地问题上，对当局向马萨诸塞采取的措施，他感到极为不满，他还表示，殖民地的法定权利应该受到尊重。富兰克林也没有浪费这个来之不易的机会，赶忙向卡萨姆勋爵说出自己的愿望：希望英国有能力化解此事的人们站出来，纠正内阁的错误行为，使英国和殖民地之间恢复和平与团结的关系。在双方的洽谈中，两人就设法恢复英国和北美殖民地和谐统一的关系达成一致。最后，卡萨姆同意尽量协调大臣们，修改对殖民地的那些限制性措施。

7月，赫金森从马萨诸塞来到英国，并告知英王说，封锁港口的办法已经奏效，波士顿人即将屈服。听到这个消息后，英王和内阁认为高压政策已经奏效，因此变得更加猖狂，不听劝阻。与此同时，一些别有用心的人开始污蔑富兰克林，说是他引起殖民地和宗主国之间的误会。因此，富兰克林在伦敦的处境变得异常艰难，为了避免遭到英政府逮捕，他不得不经常更换住所。即便如此，他也不打算返回费城，他要留在这里为双方和解做最后的努力。

除了卡萨姆勋爵希望英国和北美殖民地之间达成友好协议外，伦敦一些有识之士也抱有同样的想法，其中包括内阁中殖民地事务大臣达特茅斯、银行家大卫·巴克利、大臣海德勋爵以及豪勋爵，他们也开始设法寻求富兰克林的帮助，在富兰克林的老朋友福瑟吉尔的帮助下，他们同富兰克林见了面。这样一来，原本遭到诬陷和羞辱的富兰克林，一时之间变成万人瞩目的重要人物，大家都把改善现状的希望寄托在他的身上。

11月，富兰克林新结识的好朋友，同他进行了友好的商谈。最后富兰克林答应他们草拟一份和解计划。在此期间，富兰克林得知英军将波士顿变成一片焦土，愤怒的富兰克林决定放弃草拟和解计划，而以十七条双方"对话要点"代替，简称"十七点"。

关于商业上的问题，富兰克林提出：北美殖民地愿意在英国同外国交战时出手帮助英国，也可以接受英国的商业垄断，条件是废除一切限制殖民地制造业的条例。

关于殖民地权利问题，富兰克林提出：北美殖民地可以承诺对英国奉行其义务，条件是英国必须将殖民地的立法权还给殖民地，并且承诺在和平时期不得以任何理由向殖民地征税。

福瑟吉尔和巴克利起初不赞同他的"十七点"，并提出异议，后来都被富兰克林驳了回去。当"十七点"被送到海德和达特茅斯那里后，他们也都认为这个让他们看到希望的条件有点高。

12月18日，北美殖民地大陆会议的请愿书被送到伦敦，富兰克林连忙找到卡萨姆勋爵，卡萨姆除了在"撤出波士顿驻扎英军"这一点上有些异议外，其余都非常满意，并表示愿意在上院为请愿书说些话。

12月25日，豪勋爵找到富兰克林，经过一番会谈后，富兰克林答应草拟一份条款。豪勋爵第二次见到富兰克林时，他已经看过富兰克林写的"十七点"，他告诉富兰克林这些条件在国会上不可能被通过，同时希望富兰克林重新写一份计划书。在殖民地人民的利益问题上，富兰克林丝毫不愿让步，因此他拒绝了豪勋爵的请求，他们的谈判不欢而散。

随后，富兰克林找到福瑟吉尔，询问同海德与达特茅斯的谈判有何进展，福瑟吉尔失望地告诉他，海德方面没有任何回应，达特茅斯则认为"十七点"中，有一些可以接受，但有些不能接受。

在紧张的局势中，富兰克林在他的老房东斯蒂文森夫人家度过了他70岁的生日，此时的富兰克林一点儿也高兴不起来，英国与北美之间的隔阂越来越深，他不禁感到弥合双方关系毫无希望，不过他更担心战争的侵袭，于是他决定竭尽全力放手一搏。

1775年1月20日，卡萨姆告知富兰克林，他准备在次日的上院会议中提出关于北美殖民地问题的议案，希望富兰克林能到场，并将提案的原稿交给富兰克林过目。第二天，富兰克林如约来到上院，卡萨姆早已等候多时，由于富兰克林还被很多人误会，所以他只能在卡萨姆的带领下进入上院。这份能使北美与英国关系缓和的议案，并没有得到大多数议员的支持，议案遭到否决。卡萨姆并没有放弃，他告诉富兰克林自己还有一项计划不久后将在上院提出，至于什么计划富兰克林不得而知。直到27日，卡萨姆才将计划告诉富兰克林，内容如下：

1．英国国王有权在没有得到殖民地议会允许的情况下向殖民地派遣军队。

2．英国议会有权将北美殖民地纳于帝国的利益之下。

3．建议大陆会议成为官方的永久性的机构，条件是它必须为帝国的利益授予豁免权。

4．殖民地的宪章不可侵犯。

5．只有美洲人可以在美洲征税。

看过后，富兰克林只要求在"宪章"后面加上"宪法"两字，对于其他内容没有异议。

2月1日，上院召开会议，卡萨姆勋爵在议会上做了精彩的发言，原本没有明确表态的达特茅斯勋爵也站在他们一方。但是，对北美殖民地人民和富兰克林本人怀有敌意的桑德威克勋爵，反对这项计划通过，因为他怀疑这项计划是出自富兰克林之手，再借由卡萨姆勋爵说出，并对富兰克林进行诋毁。

桑德威克勋爵的一番话，引来卡萨姆勋爵的不满，他立即声明道："这个计划就是我本人所写，但我可以毫无愧色地承认，我的确得到过一个人的帮助，因为这个人了解美洲的全部事务，这个人不是一个普通人，整个欧洲由于他的知识和智慧都曾给予过他高度的赞扬，他可以同我们的牛顿和波尔相媲美，他不仅应该享有英国的尊崇，更加享有人类本性的光荣。"与桑德威克勋爵的恶言诽谤相比，卡萨姆的赞扬更让富兰克林感到羞涩，于是他摆出一副事不关己的样子。

在场的一些主张和解的大臣和贵族们，争相发言赞成卡萨姆的计划，但是大臣们并没有站在他们一边，达特茅斯见形势不妙，立即倒戈支持桑德威克。最终卡萨姆的计划遭到否决。

在那之后，英国政府对殖民地的反抗运动采取更为严厉的镇压，在出动武力镇压的同时，还颁布几项条例以达到经济制裁，最终目的是迫使殖民地人民屈服。但最终起到的作用却恰恰相反，英国政府越是镇压，北美殖民地人民反抗的士气越是高涨。

在这样的形势下，富兰克林决定做最后一次努力。2月4日，富兰克林同福瑟吉尔和巴克利进行谈判，他同意在"十七点"上做出让步。其中只有四点完全没有修改，三点完全放弃，其余或多或少都有所修改。

16日，富兰克林同福瑟吉尔和巴克利进行第二次谈判，巴克利带来一份由内阁大臣起草的议案，他们提出：马萨诸塞的代理人必须在给英王的陈情书中，保证尽快赔偿被毁的茶叶，茶叶一事解决后，波士顿港口才会被重新开放。富兰克林同意这一条件，同时他也坚持自己的底线：英国国会必须立即废除所有关于马萨诸塞的决议。富兰克林的条件没有得到通过，于是，他最后的努力也宣告失败。

7. 一个伤心的老人

1774年12月，黛博勒深感自己的身体状况日益衰弱，觉得自己将活不过这个冬天，于是，她急忙让威廉给富兰克林写信希望他能在百忙之中回来一趟。威廉还没有来得及写信，黛博勒的病情就已恶化，19日，不幸的事情发生，黛博勒去世了。22日，黛博勒的葬礼在费城举行，除了富兰克林的朋友，还有很多费城的居民自发前来悼念。此时的富兰克林还在为英国与北美殖民地和解做着最后的努力。直到次年2月，黛博勒去世的噩耗才传到伦敦。

伤心欲绝的富兰克林决定立即返回费城，追悼亡妻。在普利斯特里的陪伴下，富兰克林度过了他长达10年出使伦敦的最后一天。他告诉普利斯特里，他为即将发生的战争感到忧虑，但是他并不觉得自己无颜面对美洲殖民地的人民，他问心无愧，因为他真的竭尽全力奋斗过。富兰克林一直反对战争，他觉得对人民来说那是一场灾难，可是那天，他坚定地告诉自己的朋友，战争如果真的爆发，最后取得胜利的一定是北美殖民地人民。

长达10年的出使时光，并没有令富兰克林改变，在他心中最割舍不下的还是他最亲爱的美洲。为了殖民地人民的利益，他一直忍辱负重，留在英国，尽自己最大的努力周旋于英国权贵之中。也许是由于英国和殖民地之间的利益冲突，也许是由于他所期望的英美联合是基于互相平等的关系和坚持北美殖民地人民的自由和权利之上，所以不管他怎么努力，最终还是改变不了失败的结局。但是，这并不是真正的失败，这应该是一个开始，一个他走上革命道路的开始。

3月底，富兰克林带着孙子谭波尔，从朴次茅斯上船返回美洲。在近一个半月的航行中，富兰克林一边忙于撰写他在最后阶段进行谈判的记录，一边忙于研究海湾海流。

5月5日，富兰克林抵达费城。10年前，他离开时，自己的新家刚刚落成，如今房子已经矗立在那里10年，但对他来说还是一座新的房子，不同的是，这里已经没有了黛博勒的身影。想到黛博勒，富兰克林不禁又感伤起来。幸好女儿萨拉、女婿理查德·贝奇一家人还在这里，未见面的外孙们给富兰克林带来不少乐趣，令富兰克林失落的内心得到些许的安慰。

当富兰克抵达费城时，列克星敦已爆发战争，伟大的美利坚合众国的独立战争已经拉开帷幕。

在当时，很少有美洲人在学术、外交等领域闻名于欧洲，但是富兰克林做到了，在欧洲人眼里，富兰克林就是北美殖民地的代表或领导者。自富兰克林离开英国后，北美殖民地就开始发生武装斗争，因此，在英国人眼中，这位老人离开伦敦回到美洲是为了领导一场战争，为他在英国王室枢密院的委员会上受到的诽谤和羞辱报仇雪耻。富兰克林并不在乎别人对他的看法，回到美洲后，他就积极投身到殖民地的独立战争中。

在自己投身革命的同时，他也非常希望自己的儿子和战友加洛维也积极投身到革命的狂潮中来。他记得在自己最艰难的那段时间中，是他们和自己并肩作战，从某种意义上来说，加洛维就像他自己的儿子一样。在当时的情况下，作为英王委任的殖民地州长，如果威廉站到反英的队伍中，对英国政府来说将是一个重重的打击，对殖民地人民来说则是莫大的鼓舞。加洛维的才干一直深受他的青睐，如果加洛维也能参加到革命中来，无疑会壮大这支年轻的队伍。

但是，这两个人都没能让富兰克林如愿，他们竟然都站在了维护英王的队伍中。此时，富兰克林才回忆起，自己已经有十余年没跟儿子生活在一起，他不知道威廉是否还是那个他了解的威廉。他记得，自己在那次会议受到诽谤和羞辱后，担心儿子会因为自己耽误前途，曾给威廉写过一封信：

"也许他们正期待着，你会因怨愤他们对我的侮辱而辞职，这样他们就不会为在应当提拔你的时候却将你革职而感到羞愧。尽管我不认为那个职务对你有什么用，但是我不会劝你那样做。"

富兰克林曾经以为是自己的话影响了儿子，所以威廉才没辞职，但是现在看来，好像另有原因，是威廉自己看重这个为英王效忠的职位，才不肯放手的。虽然富兰克林经常与威廉通信，两人也是无话不说，但是富兰克林却丝毫没有察觉威廉思想上的变化。

8月末，富兰克林到威廉那小住一段时日，可是两人的交谈并没有改变什么，70岁的老富兰克林在为革命而努力，年轻的富兰克林却继续俯首于殖民统治者，最后父子俩不欢而散。

9月，返回费城的富兰克林给儿子写了一封信，字里行间流露着一位老父亲的绝望和愤怒：

"你就是个彻头彻尾的朝臣，永远用英国政府的眼光看待一切的。"

威廉并没有受到父亲的影响，他还是一直效忠于他的英王。革命爆发后，威廉、加洛维先后离开美洲，前往伦敦，躲在英王的庇护伞下。

现在的富兰克林已经是一个七旬老人，在忍受着妻子去世的同时，还要承受同威廉、加洛维在政治上分道扬镳的事实，这让富兰克林伤心不已。

第六章 一个即将诞生的国度

1. 投身北美殖民地革命事业

1775年5月6日，从伦敦回到费城的第二天，富兰克林还没有从缅怀妻子的伤感中走出来，北美殖民地的革命斗争已经开始，他被宾夕法尼亚州议会选为代表，出席第二届大陆会议，会议将于10日在宾夕法尼亚州政厅召开。

5月9日，南卡罗来纳、弗吉尼亚、北卡罗来纳、马里兰、特拉华的代表先后赶到，10日，马萨诸塞、康涅狄格和纽约的代表入城，为了欢迎各殖民地代表，费城举行盛大的阅兵仪式，锣鼓喧天，当天费城街头聚集15000名群众，同英国产生矛盾后费城已经很久没有这么热闹。

第二届大陆会议正式召开。会议的第二天，代表们收到来信称，英王和内阁并不打算考虑第一次大陆会议的请愿书。这个消息在这里已经丝毫没有作用，决意独立的殖民地人民不会在乎高高在上的英王和他的臣子们的意见，整个会议以处理列克星敦的有关事务为中心展开。对于友好的英国大臣，富兰克林没有忘记，15日，富兰克林给在英国国会做了非常精彩的和解演讲的埃德蒙·柏克写了一封信，富兰克林一改往日谦和的语气，他措辞强硬、不容置疑，因为他已经对英国政府的暴政感到彻底失望，选择站在殖民地革命者的队伍中。

在第二届大陆会议中，富兰克林是年龄最大的代表，也是最坚定、最沉默的代表。在会议中，他不是沉默地坐着，就是靠在椅子上熟睡，这并不是他不关心会议进展的表现，而是会议上讨论的内容在他心里已经得到结论，他不插手，是因为他想看着这些年轻的后生慢慢长大。杰斐逊回忆参加会议的情况时曾说："在革命之前，我和华盛顿将军供职于弗吉尼亚议会，在革命期间，我和富兰克林博士共事于大陆会议。在他们那里，我从没听到超过十分钟的发言，也没听过他们谈到任何关键问题以外的话题。"

虽然在年龄上，杰斐逊同富兰克林相差悬殊，但在性格上，两人却极其相似。6月，华盛顿前往坎布里奇就任大陆军司令，于是，杰斐逊接替他来参加会议，在会议上，富兰克林就不显得那么孤单，因为这里有了第二位思想家。

7月，会议决定向英王递交一份措辞更恭顺的请愿书。富兰克林知道，即便是再递交一百份请愿书也是徒劳，达特茅斯不会将它呈给英王。结果正如富兰克林所料，8月23日，英国王室发表宣言称美洲人大逆不道，想造反，不准有人帮助他们。

寻求和平解决方法没有成功，富兰克林意识到，殖民地人民必须武装起来，只有用武力去争取，才能迫使英国政府主动前来寻求和平。在革命的道路上，他必须更加坚定、义无反顾。

年迈的富兰克林为了北美殖民地的人民，开始变得忙碌起来，他得关注各殖民地的防务计划、计划建立美洲人自己的邮政系统、起草华盛顿就任大陆军司令的宣言、起草呈给英王的请愿书、改进火药硝石的生产以提高其产量、安排印刷纸币，因为战争需要大量金钱……

7月13日，富兰克林被任命处理一些与印第安人相关的事务；21日，富兰克林在大会上宣读了仔细修改后的"奥尔巴尼联盟计划"，并把它命名为"联邦和永久联盟的文件"，除了杰斐逊和一小部分代表外，大部分代表还没有做好接受这项计划的准备。22日，他奉命主持一个考虑诺思的二月和解的提案。31日，委员会否决该提案。

8月，富兰克林开始忙于组建宾夕法尼亚州国民自卫队；建造战船，并为其配备军官；帮助部队获取药物；将火药从费城军火库送往纽约的公安委员会。

9月18日，他奉命组织火药的进口工作；22日，他被任命为美洲贸易委员会委员；27日，参加美洲哲学学会的年会；30日，在两名同事的陪同下，富兰克林起程往坎布里奇，与华盛顿一同就支持军队作战等问题和新英格兰当局进行会谈。

两个星期后，富兰克林等人来到华盛顿的军营。此时，同华盛顿对峙的英国将领已被威廉·豪爵士取代，尽管他们现在被殖民地自卫军封锁在波士顿，但是这种情况维持不了多久。现在的志愿军都来自新英格兰各联队，即将解散回家。华盛顿提出，必须重新招募一些人，组建一个纪律更好、服役期至少为一年、给养更充足的军队。在商讨4天后，终于有了结果：重建军队，修改相关的战争文件，重新制定出交换战俘和处理武装帆船在海上夺取战利品的规章制度。这次商谈，为日后的独立战争打下良好的基础。

11月15日，富兰克林回到费城；17日，他奉命处理殖民地俘获的敌船和货物；23日，他奉命处置拒绝接受大陆币的人；29日，他加入一个由5人组成的秘密通信委员会，负责与世界各地的友好的朋友们保持通信联系，即处理对外事务。

此时，战争形势异常严峻，英军接连取胜。11月底，大陆会议不得不开始寻求外援，最有希望、最强大的外援当属法国。法国早已注意北美的动态，并派阿夏德·德·邦弗洛尔作为法国密使来到费城，邦弗洛尔先设法认识富兰克林，然后通过富兰克林和其他委员相识。为了做好防护、保密工作，他们商谈的时间通常选在深夜，在商谈中，邦弗洛尔向他们传递的法国的态度是殖民地可能独立，将贸易权交给法国。

了解法国的态度后，大陆会议处于两难的境地，在没有确定得到外援的情况下，殖民地不能宣布独立，可只有宣布殖民地独立后，法国才能出手援助。尽管如此，大陆会议还是努力使邦弗洛尔相信北美殖民地独立的决心。

12月12日，以富兰克林为首的秘密通信委员会给身在伦敦的阿瑟·李寄去一封信，指示他了解一下各大国对北美殖民地的态度，因为这直接关系着美洲独立战争将走向何种处境，富兰克林丝毫不敢怠慢。

2. 美洲外交官

秘密通信委员会虽说是由5人组成，但大部分对外的工作都是由富兰克林一人完成，因为他在欧洲有朋友，他的朋友也都愿意帮助他。于是，富兰克林开始忙于美洲的外交事业。

1775年12月12日，在他给阿瑟·李寄去一封信后，他开始着手给邻近的一些国家的朋友写信。首先，他想到的是曾通过西班牙驻伦敦大使，送给自己一部精装的罗马历史学家塞勒斯特的著作的西班牙亲王唐·加布利尔。西班牙是佛罗里达的近邻，在信中，富兰克林一番寒暄后，巧妙地将注意力引到北美殖民地独立问题上：

"我想我们刚刚发表的美洲大陆会议议程，会在您的朝廷中受到一些关注，所以请允许我在此向殿下呈上一册，里面随附一些记述近来有利于我们成功的文件。我年事已高，不一定能看到这场伟大抗争的结局，但展望未来，我想我已经看到一个强大的国家正在崛起。站起来的它不仅会让它的人民沐浴在和平的阳光中，也将驱除一切欧洲强国的军队，这样的利益必将使它和它的近邻西班牙结成紧密而稳固的联盟。"

随后，他给曾经从荷兰赠送给自己书籍的朋友查尔斯·威廉·弗雷德里克·杜马和翻译出版过自己著作的巴尔杜·杜勃格写信，希望可以得到他们的帮助。请他们传递一些与外国结盟的可能性的信息，尽可能地向他们的当权者介绍同美洲贸易的价值，并推荐一些军事人才到美洲。

这些人没有让富兰克林失望，在收到富兰克林的来信后，他们都积极地投身到美洲殖民地独立事业中，为富兰克林提供各种帮助。

1776年2月15日，大陆会议请求富兰克林前往加拿大，争取得到法属加拿大人民对美洲独立事业的支援，尽管忙碌的工作已经让这位老人身心俱疲，但他还是接受了大陆会议的请求。

争取加拿大支援的任务十分艰难：加拿大本身的事务就已乱成一团；加拿大居民对美洲的军队并不友好，而且感到厌恶。原因是：英军占据着魁北克，驻守着圣劳伦斯的各个堡垒，只要英军在，殖民地联合的事业就会受到威胁，他们可以凭借便利的水上交通条件，直取纽约。华盛顿曾派两支队伍前往加拿大，在进攻魁北克时都惨遭失败，驻守在那里牵制英军的本尼迪克特·阿诺尔德的部队，现有的装备不足以在加拿大度过寒冷的冬天，于是一些散漫的士兵就经常骚扰法裔加拿大居民。而且，在1774年殖民地人民反对魁北克法案时，曾对天主教会持有偏激的态度和做法，魁北克人不会同情殖民地人民，更加不会相信他们。

就是在这样的形势下，富兰克林奉命前往加拿大争取支援。与他同行的还有一位大陆会议成员塞缪尔·蔡斯、一位富有而且有影响的天主教徒查尔斯·卡罗尔、一位天主教牧师约翰·卡罗尔。

在委派富兰克林前往加拿大的同时，3月3日大陆会议还通过表决决定，派康涅狄格的会议代表西勒斯·迪安前往法国争取支援。在迪安离开前，富兰克林交给他一封会对他有所帮助的介绍信，还有一些写给巴黎朋友们的信。

3月末，前往加拿大的使团出发。当他们到达纽约时，意外地遇到华盛顿，富兰克林这才得知波士顿已被英军洗劫一空，华盛顿只好将司令部迁至纽约。稍作停留后，富兰克林等人乘船前往奥尔巴尼，在经过圣安东尼斯诺斯时，他们遭到暴风侵袭，他们的船主帆被撕裂，幸好人没事，漂流一夜后，他们才抵达奥尔巴尼。纽约大陆军司令菲利普·斯凯勒早已等候多时，休整两天后，他们和斯凯勒一同出发，乘车前往斯凯勒的驻地萨拉托加。在萨拉托加富兰克林停留一周，因为70岁的他已经深感疲惫，他还用诀别的语气给几位朋友写去几封信。

4月16日，他还是决定和同伴们一同出发。在哈德逊河上，他们吃力地划着小船艰难地前行着，半天的时间他们只前进7英里，因为他们即将深入美洲最蛮荒之地。幸运的是，当夜晚降临时，他们已经来到爱德华堡，并找到一家边境小店，逃过在冰天雪地的荒郊野外露营的悲惨命运。17日，在前往乔治堡的途中，他们收到一封斯凯勒寄来的短信，告知他们湖面的冰冻仍未化开，请他们在爱德华堡和乔治堡之间半路上的温酒店留宿，第二天再赶往乔治堡同他会合，一同前行，富兰克林听从了斯凯勒善意的提醒。同富兰克林一行人分开后，斯凯勒和他的司令部也离开萨拉托加，并赶在他们之前到达乔治堡。

同斯凯勒会合后，他们乘上笨重的露天平底船，一路破冰前行，经过漫长的跋涉，25日，使团终于航行在张伯伦湖上。两天后，他们抵达圣约翰，经由陆地，在圣劳伦斯又下湖航行一段距离。

29日，富兰克林等人抵达蒙特利尔，近一个月的艰苦行程终于结束。现在已经荣升为将军的阿诺尔德为了对他们的到来表示热烈的欢迎，用碉堡中的火炮鸣放礼炮。

30日，富兰克林和阿诺尔德进行一次会谈，从谈话中富兰克林意识到，自己身负的使命无法完成。此地的法裔天主教徒对殖民地的敌意无法消除，而四百名左右的英裔教徒中，一半以上效忠英王，其余人也不可能出来反对英王，因为在他们眼里，殖民地人民既无金钱，也无信用。

不久后，一个坏消息传到蒙特利尔：海路来的英军增援部队将于5月6日开抵魁北克。这意味着阿诺尔德的军队十分危险，他们可能随时被驱逐出加拿大。

年迈的富兰克林也不堪旅途的劳顿不幸病倒，他的身上生了疱疹，双腿略微浮肿，十分疼痛，走起路来一瘸一拐非常不便。在这样的情况下，富兰克林想的不是自己该如何调养身体，而是北美殖民地该怎么办，看自己在这里丝毫发挥不上作用，他决定返回费城帮忙。

5月11日，富兰克林离开蒙特利尔，他和约翰·卡罗尔相约到圣约翰会合，一同前往奥尔巴尼，在那里斯凯勒将军已经为他们安排好，从陆路回到费城。

这次艰难的长途跋涉，令富兰克林变得十分虚弱，他的身体不像以前那样强健。回到伦敦后，他给留在蒙特利尔的两名使者的信中写道：

"我发现自己的身体状况一天不如一天，如果不是卡罗尔先生对我无微不至的帮助与照顾，我想我不可能回到这里。"

8年后，在富兰克林的推荐下，卡罗尔成为美国的第一任总主教。

回到费城后，在家人和朋友们的悉心照顾下，富兰克林的健康逐渐得到恢复，但是他的痛风病再次复发，最近没去参加大陆会议，因此并不知道最近发生的事，只知道正在酝酿起草一份《独立宣言》。

3. 《独立宣言》的发表

革命在紧张有序地进行着，武装斗争已经蔓延至北美殖民地的各个角落，而且还有不断扩大的趋势，随着斗争的深入发展，一个问题摆在北美人的面前，战争最后的结局会是什么？

在北美大多数革命领袖的心中，还是想通过战争的形势迫使英国政府改变对殖民地的态度，放弃那些带有压迫性的条例，一旦这个目的达到，他们就会放下武器，重新回来做英王的忠臣。只有为数不多的人想到独立，因此，富兰克林提出的《联邦和永久联盟的文件》才没有得到通过。在大部分人心中，独立等同于叛逆、大逆不道，它是可怕的魔鬼。

但是从1776年，这一切都发生了改变。昏庸无能又刚愎自用的英王不但没有和解的意愿，还扬言要绞死每一个领导殖民地运动的人，并调集几万精兵来到北美镇压北美人民革命。英国在北美殖民统治的根基开始动摇，北美人民的思想中开始萌生"独立"二字。

就在这时，1月10日，托马斯·潘恩出版了他的小册子《常识》，他把战争的真正目的清清楚楚地摆在人们的面前，告诉人们战争的正确轨道就是走向独立。他的书像号角一般，惊醒处于沉睡状态的人们，把独立的思想深深植入到殖民地人民的心中。

不久后，一道新的封锁令从英国议会传来：禁止任何国家与北美殖民地之间进行贸易。针对英国对北美的封锁令，大陆会议也积极采取对策，他们对外宣称：除了英国以外，北美殖民地的港口向所有国家开放。

4月，各殖民地代表在大陆会议上一致表决，赞成北美独立。6月10日，大陆会议决定委派富兰克林、亚当斯、杰斐逊、罗杰·谢尔曼和罗伯特·R·李温斯顿组建一个委员会起草一份宣言，并将这份宣言向全世界宣布。经过5人商议，最后大家一致推荐由学识渊博的杰斐逊草拟初稿。初稿完成后，杰斐逊先将它拿给富兰克林和亚当斯过目。

此时，富兰克林的身体并没有完全康复，但是对于这个神圣庄严的任务，他丝毫不敢怠慢。富兰克林对杰斐逊的文稿表示高度赞扬，对他的革命理论、过人的才干也都表示深深地叹服，看完整篇文章后，他只对个别部分做了些许改动，以使文稿更加言简意赅，冷静犀利。例如：

原文中"神圣的和无可辩驳的"一句改为"不言而喻的";

"将他们置于专断的控制下"改为"将他们置于绝对专制政治之下";

在指控英王批准议会法案的"以剥夺我们的宪章,从根本上改变我们政府的形式"两句之间,加上一句"废除我们大多数有价值的法律";

在写到北美洲殖民地的请愿书被"答以一次又一次的伤害",富兰克林将其改为"仅仅答以一次又一次的伤害";

指控英国政府派遣外国雇佣军企图"将我们淹没在血泊中",富兰克林将它改为不那么夸张的"消灭我们"。后来这一处被大陆会议删去,避免伤害英国人民的感情。

还有一处对奴隶贸易的猛烈抨击,富兰克林非常赞同,后来也被大陆会议删掉。对此,富兰克林和杰斐逊都感到深深地遗憾。

6月28日,委员会将草拟的宣言初稿交给大陆会议。7月4日,经大陆会议修改,宣言被通过。8日,会议向所有关心美洲独立事业的群众宣读这份宣言。10日,《宾夕法尼亚杂志》刊登这份宣言,大家一致称其为《独立宣言》。8月2日,会议代表签署《独立宣言》。

《独立宣言》犹如一道警钟,使无数沉睡的美洲人为之清醒;它打开了束缚在殖民地人民身上的枷锁;它为争取民族独立的斗争提供着锐利的理论武器和强大的精神动力。

《独立宣言》以事实为依据,列举出英王乔治三世压迫北美人民的28条罪行,指出北美殖民地人民正生活在乔治三世绝对专制的暴政之下,他使殖民地人民变成凄惨的受压迫者,他还剥夺了殖民地人民最基本的权利。

《独立宣言》最后向全世界宣告：从此，这个联合一致的殖民地将成为一个自由独立的合众国。她将不再效忠于英王，断绝一切与英国的政治关系。

在等待大陆会议通过《独立宣言》时，杰斐逊和富兰克林之间还发生了这样一件趣事：

大陆会议在研究《独立宣言》时，委员会的成员在会议室外焦急地等待着，富兰克林看出杰斐逊非常紧张，因为他对于一些改动有自己的看法，可是人在外面又不能了解里面的情况，于是，富兰克林对杰斐逊说：

"我曾经给自己定过一个规矩，不管在什么时候，只要我能做到，我会尽量避免起草将要由一个公共团体审查的文件。我是从一件事得到的这个教训，现在我讲给你听：

"那时我还在给一个印刷商帮工，我有一个伙伴是个帽商的学徒，学徒期满后，他对自己的技艺感到非常满意，开始盘算着自己开店。他首先想到的是要有一块措辞恰当的漂亮的招牌。于是，他想这样的一段话：约翰·汤普森，帽商，制作并现钱出售帽子，末了还画上一顶帽子。他不知道自己的想法够不够好，就找到几个朋友帮自己修改一下。第一个朋友看后，认为后面已经有'制作帽子'的字样，那么前面的'帽商'两字就显得多余，应该去掉。汤普森擦去那两个字后又找来一位朋友。这位朋友认为，帽子只要合自己的心意，没有人会在意帽子是谁制作的，所以'制作'二字也应该去掉。汤普森又把那两个字擦去。第三位朋友看后说，当地没有赊账的习惯，买东西的人都会付钱，所以'现金'两字也该去掉。汤普森又把它们擦去。第四位朋友看到招牌后，认为没有人会以为谁会白白送给自己一顶帽子，所以'出售'两个字也应该去掉。汤普森按照他说的又把那两个字擦去。第五个朋友看到招牌后，建议汤普森'帽子'二字也该去掉，因为他在后面已经画了一顶帽子。在汤普森询问好朋友的意见后，招牌上只留下：'约翰·汤普森'和一顶画上去的帽子。"

当大陆会议向公众宣读《独立宣言》时，自由的钟声响彻北美大地，它向全世界郑重宣告：一个伟大的新国家正式诞生！

不过，她注定要经历磨难，从她诞生开始，就随时面临着倾覆的危险，因为这是一场交战双方实力相差极为悬殊的战争。

4. 身负重任出使法国

1776年7月至9月，豪将军的队伍不断扩张，尤其是同他的兄弟海军上将豪勋爵汇合后，他们的兵力已多出华盛顿一倍，在训练和装备上，与美军更是不可同日而语。豪家兄弟代表英国政府，希望同北美殖民地人民运动的领导人进行以和平为目的的谈判，停止无谓的战争。大陆会议派富兰克林前去同豪家兄弟进行谈判，谈判最终还是以失败告终，由于英国政府开出的和平条件是在北美殖民地人民屈服的情况下才肯宽恕他们，而北美殖民地人民是绝不会放弃独立的，于是战事又一次开始。

此时，英军从海陆一起围攻着华盛顿，逼得华盛顿不得不一退再退，战况对北美十分不利。大陆会议能想到的唯一办法就是寻找外援。想起求助，目前能给北美带来最大帮助的就是法国，于是大陆会议将目光投向法国。杜勃格的一封信给大陆会议带来希望，他在信中说法国内阁非常关心北美的独立事业。看到这封信后，大陆会议像找到一棵救命稻草般，马上决定派人前往法国争取外援，最合适的人选非富兰克林莫属，考虑到他年事已高，另外派杰斐逊和西勒斯·迪安一同前往，促成美法结盟。

9月26日，大陆会议将此决定秘密通知给富兰克林、杰斐逊和迪安，由于杰斐逊有更重要的任务在身，不能前往法国，大陆会议临时决定由阿瑟·李代替杰斐逊前往法国。在此之前，富兰克林已经得到消息称，法国暂时还不准备同美国结盟，不过他们同意将价值20万英镑的武器运到美国，以示支持北美独立事业。为了避免美国的外交处于被动，富兰克林决定封锁这一消息。

出发前，富兰克林把他的女婿理查德·贝奇叫到自己的房间里，把邮政总代理的职位交由贝奇暂时负责，并让贝奇将自己筹到的三四千镑的钱作为贷款，全部交给大陆会议，希望可以借此影响到其他人将钱拿出来，借给大陆会议支持北美人民的民族事业。同时，他给早已隐退的加洛维寄去一封信，将自己近二十年来的书信放进一个箱子交由他代为保管，箱子中除了宝贵的书信，还有他唯一一本自传的手稿。

1776年10月27日，富兰克林在阿瑟·李和迪安的陪同下，登上"复仇号"驶向法国。此次陪同富兰克林出行的还有他的两个孙子，17岁的谭波尔和7岁的本杰明·富兰克林·贝奇。同以往的航行一样，富兰克林继续研究着海湾海流。

经过一个月的海上航行，11月底，承载着美洲人梦想的"复仇号"抵达法国布列塔尼海岸的基伯伦港。从那里改陆路后，又行走大约一个月的时间，在12月21日，使团终于抵达巴黎。

在法国人心中，富兰克林是英雄，他领导着北美殖民地人民站起来反抗暴君，而且富兰克林为人十分低调不喜欢张扬，因此法国人更加喜欢他，想亲眼看见这位伟人的风采。得知富兰克林来到法国后，友好的法国人民争相前来拜访他，一时之间，得到富兰克林亲笔签名竟成为法国人民最热衷的活动。

与友好热情的法国人民不一样，法国政府看重的是利益，如果不能从美国那里得到相应的利益，法国政府不会贸然同英国公开作对。

在17世纪末至18世纪前半叶，欧洲几大强国为扩张本国的领土、掠夺原材料等等，不断挑起战事，由于各自利益的取向不同，几大强国之间的搭档或是对手同样更换频繁，唯独不曾改变的就是英法两国的敌对关系。英法两国的七年战争就是最好的说明，当时法国战败，也因此失去法属加拿大、北美洲密西西比河以东大量的土地，在印度的势力也遭到排挤，使法国的外侵势力明显减弱，两国之间仇恨的种子也因此生根发芽。

同英国有着很深矛盾的还不只法国，早在16世纪，西班牙就曾惨败于英国。在1701年至1713年间的国际商战中，西班牙属地直布罗陀和米诺加被英国夺走，并因此控制住西部地中海。在英法七年战争时期，西班牙属佛罗里达又被英国夺走。

除此之外，还有荷兰。在17世纪，荷兰曾三次战败于英国，失去美洲的新尼德兰。

由此可以看出，此时的英国外患重重，这对刚刚独立的美国来说非常有利，但是对于一个那么强大的帝国，没有十足的把握，任何一个国家也不会轻举妄动，只能观察形势。

从富兰克林在听证会上被羞辱之后，未满20岁的路易十六登基即位，他最信赖的外务大臣弗尔仁尼从那时起就开始关注英国与其殖民地之间的矛盾冲突，以便从中找到令法国获利的机会。于是，弗尔仁尼开始考虑怎样在美国宣布独立之前，既可以不与英国产生正面冲突，又能帮助北美的独立事业，与其说是帮助，不如说是鼓动北美独立，如果双方最终和平解决，英国一定会对干预此事的国家采取报复手段。

1775年9月，弗尔仁尼安插在伦敦的一个细作布马奇回到巴黎，告诉他，英国统一帝国的崩溃已近在眼前，法国应趁英国内患重重之机，给英国狠狠的一击。听了布马奇的话后，弗尔仁尼就派邦弗洛尔前往费城，向大陆会议透露法国将在北美宣布独立后给予他们帮助。

弗尔仁尼开始和布马奇策划援助北美殖民地的计划。首先由弗尔仁尼先去说服路易十六及其参事会，如果美国人承诺以后将合法贸易权交给法国，那么法国就应该在必要时向美国秘密输送军事装备等等。布马奇将借此机会开办一家商业机构来实现这一计划，他们还将尽可能说服西班牙一起参与，并共同拿出一笔资金创办这一商业机构。

法国财政总监图尔格对弗尔仁尼的计划提出反对意见，他认为，美洲殖民地迟早会独立，只是一个时间的问题，独立后的美洲仍会和原来的宗主国保持贸易来往，而且会比原来的关系更为融洽，所以英国不但不会因为失去殖民地而变弱，反而会获取更多的利益，因此，法国没有必要参与到此事中，更何况就目前的状况来看，法国也难以承受一场战争。

野心勃勃的法国国王和参事会最终还是选择支持弗尔仁尼的计划。在1776年3月，迪安没有来到法国向其求援之前，法国和西班牙已经在美洲独立事业上达成一致，而且两国都愿意各拿出100万法郎交由布马奇开办贸易公司。

1776年5月，法国将提供给美洲的军火运到拉丁美洲的海地和马提尼克，负责接收的美国人再将其转运回美国，为了防止英国阻碍这一贸易，弗尔仁尼不惜动用战舰设法保护美国船只。这就意味着法国已经承认美国人为交战的一方，出于对各种利害关系的考量，法国却迟迟没能向英国宣战。

当弗尔仁尼听到《独立宣言》发表的消息后，打算对英宣战。西班牙也准备在10月份加入战斗。然而，华盛顿的败绩和纽约失守的消息，又使弗尔仁尼暂时放弃行动，他并不打算站在输掉的一方。就是在这种情况下，富兰克林等人受命来到巴黎，同法国进行谈判。

28日，以富兰克林为首的使团同弗尔仁尼进行了会谈，虽然弗尔仁尼十分钦佩富兰克林，但他不会在美国前途未卜时，贸然对英国宣战。于是，会谈草草结束。

5. 最艰难的日子

对于同弗尔仁尼的谈判，富兰克林早就预想到会是失败的结果，他已经做好长期留在这里的准备。不过，就算法国不打算马上向英国宣战，他们的外交也有些成效，在那次谈判失败后，他们曾意外地收到200万法郎的秘密援助。

来到巴黎后，富兰克林恢复了与法国朋友们的交往，1月份，他开始出席法国皇家科学院的会议，并在这里结识了许多对北美独立事业有所帮助的新朋友。同时，他与英国友人之间也渐渐恢复书信来往，在他收到的信件中，朋友都表示理解他，并像以前一样深爱着他。

1777年3月1日，富兰克林搬到远离闹市的帕西村，居住的房屋由唐内西安·勒·雷·德·乔蒙特提供，他十分支持北美的独立事业，更加崇拜富兰克林，因此他拒绝向富兰克林收取房费。居住到这里后，富兰克林就将与布马奇交涉的任务交给迪安负责。除了参加法国皇家科学院的会议，大多时间他都会留在家里，空闲时，他会到村中的大花园里去散散步，夜晚偶尔会叫迪安与他同住。小孙子贝奇在村子里的寄宿学校上学，周日才会在富兰克林的身边，另一个孙子谭波尔则留在他身边，帮他处理一些日常事务。

富兰克林向巴黎的报刊投了几篇稿子，引起人们的广泛注意，当地的报刊为了进一步吸引公众的眼球，将富兰克林的几篇作品翻译后，重新刊登出来。富兰克林开始被应接不暇的信件压得透不过气来。一些法国居民写信表示支持美洲独立事业，一些商人写信表示希望得到允许前去美洲经商，更多的是一些来自各地军官的信件，他们表示希望得到推荐前往美洲作战。对于这些信件，富兰克林多是对其表示感谢，然后委婉地拒绝他们的请求。其中只有两个特例，富兰克林不但为他们做了推荐，还尽可能地帮助他们在美洲有所作为。

年轻的拉法耶特是其中之一，他的父亲在与英军的激战中不幸身亡，他想为自己的亡父报仇雪恨，同时他也非常支持北美独立事业。富兰克林虽然没有见过他，还是向华盛顿推荐了他，因为拉法耶特有办法帮助华盛顿准备军事装备。

德·斯图本伯爵是另一个特例，他原本任普鲁士王弗雷德里克的副官，后来因为穷困潦倒，才不得不来巴黎谋求一官半职。得知富兰克林来到巴黎后，曾前去探望过他。在普鲁士当过军官的人，素质都非常过硬，富兰克林觉得他一定能改善美军缺乏训练、战斗素质差的现状，决定举荐他赴美参军。

他们都没有让富兰克林失望，拉法耶特后来受到华盛顿的重用，成为一名英勇的军官。斯图本到美洲后，在不超过两个月时间里，就令军队焕然一新，散漫的民兵经他之手个个都出落成英勇的战士，在军纪军风上更是足以媲美英军。可以说，他们都为北美独立事业立下汗马功劳。

虽然在一些外事活动中，富兰克林有很大收获，但是此行的最终目的却丝毫没有进展，而且英国也已经开始注重外交活动。英国驻法大使斯多蒙特时刻注意着法国人的动向，并从中不断挑拨法国与美国之间的关系。除此之外，英国还安插了一名间谍在富兰克林的身边，爱德华·班克罗夫特既是迪安的知己好友，又是整个使团亲密的朋友，可是从1776年12月起，他就开始为英国人工作，不断地在使团中偷得消息，再暗中告知英国。富兰克林的朋友曾经告诉过他要小心间谍，他也知道一定会有很多间谍在巴黎活动，但他始终没有怀疑班克罗夫特。由于班克罗夫特泄密，致使美国付出巨大的代价：法国刚有一些亲美的行动，斯多蒙特就会立刻站出来指责法国违反中立原则；驶往美国的货船和邮船的行踪也完全暴露在英国巡洋舰的眼前。

在外有间谍的情况下，出使法国的使团内部也出现分歧，阿瑟·李不满富兰克林将与布马奇交涉的任务交给迪安负责，而忽略到自己，他感到自己被富兰克林和迪安孤立起来，他的疑心病开始发作，他怀疑迪安和布马奇在交涉的过程中曾假公济私、中饱私囊，而富兰克林也参与过此事。于是，他给远在费城的塞缪尔·亚当斯和自己的兄弟寄去书信道出自己的疑虑。

尽管有分歧，但是他们对于争取法国支援的立场是一致的。局势一天天改变，到了7月，弗尔仁尼认为，法国要做出抉择：现在这样向美国进行秘密援助已经毫无用处，如果想走得更远必须同英国宣战，但是只有法国和美国的联盟还是有些势单力薄，而且一旦英美议和，对法国来说将是一个致命的打击；法国的第二条路就是完全放弃，不再参与其中，可是法国已经为此付出甚多，还没有看到成效，怎么甘心中途停止？于是，弗尔仁尼将自己的想法告诉法国国王，并劝说如果西班牙同意加入行动，那么法国就应该有所行动，同意和美国结盟，法王对他的意见表示赞同。然而，答应一同作战的西班牙却在这时退缩了，他们已经与葡萄牙达成停战协定，所以他们已经不打算对美国伸出援助之手。

此时，美洲的战况也十分危急：提坎德罗加被柏高英攻占，新英格兰正处于隔绝孤立的状态，豪家兄弟正准备攻占费城。目前战事对美国极为不利，随时都有可能战败。之前就没有明确表态的法国，在这样的情形下，更加不会做出决策，只能观望。

美国与外界的通信联系几乎被切断，大陆会议想方设法给法国送来消息称，再没有盟友的支援，战争可能无法继续。9月，使团向弗尔仁尼递交一份备忘录，希望法国有所行动，承认他们国家独立，并提供1400万法郎的贷款。内奸班克罗夫特将这个消息泄露给斯多蒙特，斯多蒙特从中作梗，致使这一愿望未能实现。弗尔仁尼向富兰克林提出要做好保密工作，但富兰克林只以为这是弗尔仁尼的借口，因为弗尔仁尼只站在美国战局不利对法国没有好的影响上来考虑问题，因此没有怀疑身边的朋友。

没有援助，缺乏资金，美国的战况还在恶化。11月，富兰克林得知，费城已掌握在豪将军手中。在富兰克林的眼中外交必须以自强为基础，而此时美国的独立事业正经历着它的最低点。他的心中虽然充满担忧，但在法国人面前，他还是保持他一贯的作风，沉着镇定，当朋友们失望地告诉他"豪将军攻占了费城"时，他却玩笑似的回答"不对，是费城俘获了豪将军"。

富兰克林能想到的最好的办法就是等待，等待战局好转，而不是在这个时候同友国闹僵。他的确是一个富有远见的外交家和政治家，12月4日，一个好消息从波士顿传来：柏高英的军队在萨拉托加投降，美军大获全胜。

6. 历尽艰辛完成使命

美军在萨拉托加的胜利，对于处于低谷的美洲独立事业无疑是一个转折，伦敦的股市因此大幅下跌，几乎面临停顿状态的外交工作又可以重新开始。富兰克林在第一时间向弗尔仁尼发去紧急公文，阿瑟·李也立即写信通知西班牙大使。

几天后，弗尔仁尼派康拉德·亚历山大·杰拉尔德前往帕西富兰克林的住处，在送去对美国取得胜利的祝贺同时，邀请使团重新起草关于结盟的谈判建议书。1777年12月8日，富兰克林将草拟好的建议书交给谭波尔，由谭波尔递交给法国外交部。12月12日，富兰克林等人来到与弗尔仁尼事先约好的秘密地点进行谈判。这一刻，富兰克林不知等待了多久，他一直期待着可以早日完成使命，尽早与法国结盟，确定两国关系，从而确保美洲独立事业早日胜利完成。

这一次，弗尔仁尼的答案恐怕又将令富兰克林感到失望，他说："现在西班牙方面还没有明确表态，法国政府不能单独介入英美冲突，所以还不能有所作为。但是，我的信使已经前往马德里，大概一周左右的时间就会有回信。"5天后，杰拉尔德又来到帕西，告诉使团说，法国国王和他的参事会已经决定与美国结盟，但是出于对西班牙的尊重，才不能马上缔结盟约，待到信使返回，一定会尽快落实此事。

法国外交部之所以急于安抚富兰克林等人，是因为他们已经接到消息称，英国的密使文特沃思已经抵达巴黎，正在准备同美国使团进行谈判。原本富兰克林拒绝与文特沃思见面，但是考虑到目前的外交局势，富兰克林改变了这一想法，决定与他进行会谈，但不是现在。这并不是表示富兰克林有心与英国和解，而是在外交上向法国施压，独立战争急需盟友支援，萨拉托加大捷并不足以保证独立战争顺利进入坦途。

此时，巴黎流言四起，有人说如果法国不承认美国独立，美英将重归于好，并共同进攻法国和西班牙的殖民地。随后，富兰克林还将一封从伦敦寄给班克罗夫特的信交给弗尔仁尼，信中询问美方是否能接受"略次于独立"的条件。谣言虽然不足为信，但多少还是对弗尔仁尼产生一些影响，他只好派密探把文特沃思监视起来。

对于这一切，富兰克林都看在眼里，但他仍不动声色，依旧拒绝同文特沃思面谈。直到12月31日，西班牙传来答复，反对与美国签订同盟条约。富兰克林决定于1月6日同文特沃思见面，一方面是给法国政府一些时日考虑，另一方面也是在给法国政府施压。

1778年1月6日，富兰克林在帕西热情地接待文特沃思，两个人进行长达两个小时的会谈。会谈虽然涉及很多重要问题，却没有得到什么实质性的结果，因为富兰克林并没有真正打算同英国签订一些条款，令这个刚刚降生的国家，还没有经历成长就早早夭折。这只是富兰克林早已设计好的一步棋，在外人看来，两个小时的谈判足以谈成任何事情，法国人开始坐立不安，他们看到美国即将向英国靠拢，这样下去，法国在北美的利益和已经付出的一切都将付诸东流。在富兰克林和文特沃思会谈的第二天，法王和他的参事会经过表决赞同与美国缔结盟约。

1月8日，杰拉尔德在巴黎同美国使团进行会晤。一番寒暄过后，杰拉尔德直截了当地询问富兰克林："法国需要怎样做才能使美国拒绝接受英国人的和解条件？"富兰克林痛快地回答道："立即签订使团早已提议的友好贸易与同盟的条约。"听到这样的答复杰拉尔德悬着的心终于可以放下，他郑重其事地向美国使团宣读法国国王的口谕：法国同意签订条约。富兰克林的计划即将大功告成，他终于不辱使命完成了这项艰巨的任务。

原定于2月5日的签约仪式，由于法国的特命全权大使杰拉尔德突然患上重感冒而不得不推迟一天。2月6日晚，签约仪式在巴黎的法国外交部大楼内正式举行，法方代表杰拉尔德先在盟约上签上名字，接着是富兰克林，然后是迪安和阿瑟·李，条约交由富兰克林保管，一共两项。第一项是《美法友好和通商条约》，法国和美国互为贸易最惠国，一般来说，两国的港口向对方自由敞开。第二项是《美法同盟条约》，法国将帮助美国取得独立，美国则在法英之间爆发战争时帮助法国作战；在宣布结束战争的条约或一些条约正式地保证美国独立之前，双方保证不放下武器。

在签约仪式当晚，富兰克林特意取出一件旧的蓝色天鹅绒礼服，大家都奇怪为什么在如此隆重值得庆祝的日子，他要穿这件衣服。富兰克林解释道："这是一个小小的报复，当年被韦德伯恩谩骂时，我穿的正是这身衣服。"大家这才恍然大悟，原来当年富兰克林并不是不为所动，他把愤怒深深地埋藏在心底，以这种独特的方式给韦德伯恩以最有力的回击。

美法结盟标志着法国正式向英国宣战，为美国独立在人力、物力和财政等各方面提供更多的保障。尤其是法国海军的参战使美国空白的海上力量得到填补，令英国失去制海权。在国际影响上，法国的参战也为美国带来不小的影响，不久后西班牙、荷兰都改变态度参加对英作战，俄国、普鲁士、丹麦、瑞典等国家也都打着中立的旗号，默默支援着美洲独立事业。

尽管各国之间参战的目的各不相同，但是因为他们的介入，英国陷入空前的孤立，处于四面受敌的窘境，为日后美国独立事业取得成功奠定基础。从某种意义上来说，富兰克林在外交上取得的成就，不亚于萨拉托加大捷的伟大胜利。

3月20日，法国国王路易十六亲自接见美国使团。那天，富兰克林没有戴假发与佩剑，头发自由地披散在脑后，鼻梁上架着眼镜，胳膊下夹着一顶白色帽子，身着棕色的天鹅绒衣服，穿着白袜，潇洒自如，风度翩翩。弗尔仁尼带他们来到凡尔赛宫，很多大臣慕名前去等候迎接他们的到来，想亲眼看看这位伟大的美洲共和主义者。国王首先请使者代向大陆会议转达他的友好的愿望，高度评价美法同盟条约，并盛赞富兰克林及其同胞的高尚品德。随后，美国使节们又与王室成员亲切会面。

法国国王以接见美国使者这种独特的方式，公开承认美法同盟条约。

5月4日，美国大陆会议正式批准《美法友好通商条约》和《美法同盟条约》，至此，美国与法国正式成为坚定的盟友，得知这一消息后，美国人民举国欢庆。

7月初，在美国人民焦急的期盼中，一支庞大的法国舰队载着数千名法军抵达美国。这意味着法国正式介入美国独立战争。

7. 受命出任驻法全权大使

1778年3月底，迪安接到大陆会议的命令，返回美国，由约翰·亚当斯接任他的工作。来到巴黎后，亚当斯发现，在这里，富兰克林比莱布尼茨或牛顿、弗雷德里克或伏尔泰更具名气、更受爱戴和赞扬。上至政府官员，下至普通百姓，所有人都说他是人类的朋友，并认为他将恢复黄金时代。

迪安回到美国后，因为被指控欺骗大陆会议而受到审查。对此，富兰克林只是表示在和迪安一起工作时，他曾真心实意为独立事业而努力奋斗。

这一年，对于富兰克林来说还有一件大事，同伏尔泰见面。4月29日，富兰克林和伏尔泰都出席了法国皇家科学院的会议，两位学者、科学家世纪见面的消息传遍了整个欧洲。

虽然与法国的盟约已经签订，但是还有很多事务要使团处理，最近三个使节在共事中都发现这种合作代表的形式非常不便。由于三位使者都认为应该由一个人担任驻法使者，其他的人则协助他共事，而且法国驻美大使杰拉尔德也出面向大陆会议说明这一情况，并竭力推荐富兰克林，大陆会议不得不慎重考虑。9月14日，大陆会议通过投票裁决后，决定任命富兰克林为美国驻法全权大使。

大陆会议的任命由告假返乡的拉法耶特带来，这是富兰克林与拉法耶特的第一次见面，同刚去美国时相比，现在的拉法耶特更加成熟、稳重，并对美国人民的独立事业充满热忱，不再单单是为了替父报仇和追求虚名。

大陆会议的任命到达巴黎后，亚当斯并不介意自己没能担此重任，还是全心全意辅助富兰克林开展工作。跟亚当斯不同，阿瑟·李被彻底激怒。他开始想方设法干预富兰克林的工作，年底大陆议会得知此事后，决定将他调回美国。对于阿瑟·李的离开，没有人感到惋惜。他确实很有才华，但他那猜疑、妒忌的性格和阴暗、不安的强烈情感注定他将失败。

由于痛风病再次发作，富兰克林不得不暂作休息，他的就职典礼直到1779年3月23日才得以完成。尽管病痛一直折磨着他，外交的工作也很繁重，但富兰克林还是为自己能留在法国为美国独立事业奉献出自己的全部力量而感到高兴。

富兰克林已经顾不上太多的个人情感，身体稍微好一些，大量工作接踵而至，目前整个欧洲的形势对美国极为有利，他必须利用这样的有利形势积极开展外交工作。

4月，富兰克林代表大陆会议，与法国海军部共同策划一场对英国沿海的联合进攻。8月，由约翰·保罗·琼斯率领的海军乘上"和蔼的理查号"（为了纪念富兰克林的《穷理查历书》而取的名字）率领舰队出发。一个月后，好消息传来，英军舰队的旗舰"塞拉皮斯号"被击毁，由琼斯率领的美国海军首次出战就大获全胜。

富兰克林还有一项海上使命，派遣美国私掠船，以法国港口为基地劫掠沿途碰到的英国商船，然后把"战利品"出售。他并不喜欢这项工作，甚至有些厌恶，但战争离不开资金的支持，这既可以为美国提供一小部分资金，还可以以此打击英国，想到这里他又不得不硬着头皮做下去。

资金也是令富兰克林感到头痛的问题，在他担任美国驻外海军部长一职的同时，他实际上还扮演着美国驻外财政部长的角色。

从战争爆发初期起，富兰克林就开始周旋于各国，想方设法筹集资金，他不但利用欧洲各国与英国的矛盾和对美国的同情，还不惜利用自己的社会威望和良好的信誉。由于他和使团成员们的不懈努力，才使得贷款源源不断地汇往美国国内。

处于战争时期，法国的经济也不景气，同时法国也承担着与英国作战的巨大开销。在这种情况下，筹款是一件非常艰难的任务，可想而知，富兰克林在筹款过程中会遇到多少困难和挫折。他不得不四处奔走，游说法国政界要员和王室成员，同他们进行艰难的谈判和交涉。而且，申请贷款的主动权并不在富兰克林身上，他一方面得听从大陆会议的指示，另一方面也要考虑到法国政府会有自己的年度预算，他们不喜欢这种毫无预见、突如其来的求贷方式。富兰克林左右为难：大陆会议频频催促、急于弄到贷款，法国官方办事拖沓又面临资金短缺的问题。

他给在友人的信中，这样写道：

"战争的确急需大量的经费和物资，我也非常希望筹集到大批贷款，以此来帮助自己的同胞打赢这场战争，但我认为大陆会议应该考虑开发国内的财源，而不是无止境地向他人乞求借贷，长此以往，势必会引起盟国的不满，影响双方的合作关系，更何况借用别人的东西要付出代价。

"长久以来，我对频频到宫廷去乞求贷款和友谊感到羞愧屈辱。对于其他不想多说，在此只想引用一句谚语：上帝帮助自助者。"

虽然富兰克林可以暂时放下个人尊严去乞求贷款，但在原则问题上，他从不向任何人或国家屈服。西班牙政府曾以获得对密西西比河的控制为交换条件，愿意同美国结盟。在富兰克林心中，国家的主权和民族的尊严神圣不可侵犯，富兰克林断然拒绝这个要求。对这件事，富兰克林在一封信中曾评论道：

"我非常厌恶这个要求，没错我们是很穷，但我相信有一天我们会富有。我宁愿花一大笔钱买下他们对密西西比河的全部权利，也不愿卖掉一滴密西西比河的水。"

在外交工作中，亚当斯的行事方式和态度激怒了弗尔仁尼，以至于弗尔仁尼不再和他打交道。亚当斯却将此怪罪到富兰克林身上，他认为富兰克林对法国过于卑躬屈膝，法国的动机并不单纯，他们想要延长战争，以便从中获利，完全没有考虑到美国的实际需要。不久后，亚当斯离开富兰克林，只身前往荷兰。

富兰克林并不像亚当斯所想的那样，对法国过于卑躬屈膝，在外交上，他一向的主张是自主自立，不依赖于任何国家。但是，富兰克林对于曾给予美国巨大帮助的法国，的确有着深深的敬意，况且依靠强硬的态度，怎么可能争取到如此庞大的贷款数额？对于法国人心中算计的私利，只要它在大方向上和美国保持一致，就应该用友好的态度来处理，毕竟人家不能白白帮助你。

这时的整个欧洲国际形势对美国极其有利：原想与西班牙一起与美国结盟的法国当时虽然未能如愿，但法国始终没有放弃游说西班牙，终于在1779年，西班牙与英国就一处殖民地谈判失败时，法国抓住时机，于6月与西班牙签订盟约，随后西班牙以法国同盟者的身份，在海上参加对英战争。

为了打击法西联盟，英国采取海上封锁政策，拦截中立国海上的船只，这种类似海盗的行为，令许多欧洲国家愤愤不平，美、法、西乘机开展外交活动，从而扩大反英势力。1780年，丹麦、瑞典和俄国组成武装中立同盟，随后普鲁士、奥地利、葡萄牙等国也纷纷加入中立同盟。中立国表面上保持中立，暗中给美国革命以有力的援助。10月，荷兰不但加入中立同盟，还与美国协商签订友好条约。12月，英国对荷兰宣战。

一场争夺或维护商业利益的战争在欧洲各国展开，目标都直指英国。不管其他国家以何种理由参加战争，最终都对美国独立事业产生积极的影响。

美国的外交工作一时变得紧张忙碌，以富兰克林为首的驻欧使团成员们，要同时与各国政府进行协商和会谈，争取得到他们的支持和帮助。外交工作不亚于一场真正的战斗，在这样的争斗中，富兰克林告诉自己必须赢，因为他肩上担着的是民族独立大业的神圣而又艰巨的责任。

8. 英美缔和

国际上的形势对美国来说虽然有利，但是美国国内战局却令人担忧：美法联军计划从英军手中夺取萨凡纳，结果不但失败，还使一支英国远征军攻下查尔斯顿；盖茨将军率领的美军在卡姆登地区也再遭败绩；更让人失望的是，美军将领阿诺尔德叛变投敌，将把哈德逊河的控制权交给英国人。大陆会议也面临财政危机。华盛顿从美国写信告诉富兰克林，只有两条路以供选择，一个是同英国缔和，另一个是从法国借钱来。

1781年2月，在富兰克林的不懈努力下，法国国王最终答应拨付600万法郎的补助金。这些资金的及时送达，使美国的危机得到暂时的缓解。不久后，好消息传来：纳萨内尔·格林英勇作战，使卡罗莱纳境内败局得到扭转；拉法耶特率军成功侵袭了康瓦利斯，现在已经挥师北上，进入弗吉尼亚境内。5月，由德·格拉赛伯爵率领的法国舰队途经西印度群岛即将抵达美国。至此，危局总算得到有效的缓解。

美法联军决定乘胜追击，并将弗吉尼亚的约克镇设为战略决战的地点。为了能够一举拿下此处，扩大胜利的战果，美法联军在战略和战术上做了充分的准备。9月28日，华盛顿将军向士兵们下达攻击令，士兵们个个摩拳擦掌，想一显身手，为美国独立事业做出自己的贡献。10月17日，康沃利斯将军率领的英军伤亡惨重、士气低落，走投无路之下，只好投降。

得到约克镇大捷的消息后，富兰克林欣喜若狂，他连夜将这一消息写好，并用印刷机印出，散发给各界朋友。敏锐的头脑令他意识到：现在正是通过外交手段结束战争的最佳时机。虽然已经意识到，但他还不能贸然行事，一是因为在与法国签订条约时，有一条写明：没有得到法国的同意，美国不得私自与英国议和。还有一个原因是富兰克林对英国现内阁感到深恶痛绝，并认为这场战争之所以会爆发，就是因为有他们这样顽固不化、不可一世的自私的人，他们才是罪魁祸首，只要他们执政，议和就没有希望。

随着各地区的战事停滞，各国发现战争已经满足不了他们的利益需求。此时，参战各国的真正嘴脸尽显无遗，各国开始在外交领域展开争斗，希望从谈判中捞取利益。从激烈复杂的外交斗争中，富兰克林看出法国已经开始更多地考虑本国的利益，为了美国的根本利益，他必须立即采取行动：在确保美国独立和主权完整的前提下尽快停战。

此时，一个好消息从大洋彼岸传来：英国内阁发生变更，诺思内阁倒台，在新内阁中，富兰克林的好友舍尔伯恩出任殖民地事务大臣，福克斯担任外交大臣。这个消息来得恰到好处，进行和平谈判的时机已经完全成熟。

随后，大陆会议发来新的指示：由富林克林、亚当斯、约翰·杰伊、亨利·劳伦斯、杰斐逊参加议和谈判。但是当时，亚当斯在荷兰；杰伊在马德里；劳伦斯在前往荷兰的途中被英军俘获，关在伦敦塔里；杰弗逊则一直未到法国。所以，谈判只能由富兰克林一人独自进行。

1782年3月22日，英国友人科尔蒙德里勋爵来到帕西访问富兰克林，并带来舍尔伯恩的问候。富兰克林想，也许舍尔伯恩也预感到多年不见的老友将在谈判桌上代表两国而再见，所以提前打声招呼。随后，富兰克林在伦敦时的老友兼邻居卡莱布·怀特福德也来到帕西。久别重逢的老友互相寒暄过后，怀特福德为富兰克林介绍一位新朋友奥斯瓦尔德先生，他曾在美国生活，是一个年老的退休商人，也是个爱好和平、通情达理之人。一番交谈后，奥斯瓦尔德说明自己的来意，他将代表舍尔伯恩同富兰克林进行谈判。

4月15日，富兰克林和奥斯瓦尔德进行正式会谈，奥斯瓦尔德告诉富兰克林：法、美两国已经实现"美国独立"这一目的，新内阁非常真诚地希望议和，但如果法国仍不依不饶，向英国提出过分的条件，那么英国只好将战争继续下去。聪明的富兰克林当然知道，英国是在暗示美国，他们已经获得独立，不应该再支持法国损害英国利益，而使战争持续下去。

两天后，富兰克林带着奥斯瓦尔德一同会见弗尔仁尼。弗尔仁尼表示法国的目的只是为了达成全面和平，并没有其他条件。在返回帕西的途中，奥斯瓦尔德威胁式地重复：如果法国开出的条件太苛刻，英国将延续战斗。富兰克林只是面带微笑地静静聆听，在他看来，只有害怕的人才会想到威胁。

4月18日，奥斯瓦尔德返回伦敦汇报工作，富兰克林请他给舍尔伯恩带去一封信，信中要求奥斯瓦尔德被授予与和谈有关的充分权力，只有这样，双方才能对几个重要问题预先做出决定。

富兰克林所说的重要问题是指，希望英国将加拿大和新斯科舍割让给美国。这不仅是对在战争中遭受损失的美国人民的赔偿，更是为了解除美国的北方威胁，从根本上避免英美两国再起争端。

5月4日，奥斯瓦尔德带着舍尔伯恩的指示回到巴黎，只有简单的一句：英国人渴望和平。另外，奥斯瓦尔德告诉富兰克林，福克斯已经另派一名使者和法国政府进行谈判。其实，在返回巴黎之前，舍尔伯恩已经明确指示奥斯瓦尔德：只有在美国同意英国提出的条件并独立于法国的情况下，英国才同意承认美国独立。对于赔偿问题，英国不会给美国任何赔偿。

5月8日，福克斯派的和谈代表托马斯·格兰维尔抵达巴黎。第二天，在富兰克林的安排下，美、法、英三方代表进行会谈。会谈中，英方代表格兰维尔提出：法、英两国应将在战争中互相夺取的岛屿交换回来，从而换取美国独立。美法两方代表看出，英方把美国独立作为谈判筹码来换取更多的利益，于是没有接受这项建议。会谈并没有取得实质性的结果，三方代表最后不欢而散。分开前，格兰维尔请求弗尔仁尼把英国的要求通知西班牙和荷兰，弗尔仁尼答应会征求他们的意见。

1782年5月至6月，各国代表因为考虑到本国利益，谈判迟迟没有进展。直到7月，英国内阁发生变更，富兰克林才看到一丝丝利于和谈的前景。福克斯辞职，由舍尔伯恩接任，格兰维尔的职务也由艾莱恩·菲茨杰伯特接替。

在正式和谈前，富兰克林与奥斯瓦尔德进行了一次非正式会谈，富兰克林提出一份备忘录，其中有四项必要的和谈基本要点和四项补充的要点。必要的四点包括：

1. 美国获得完全彻底的独立，撤出美国境内的全部英军；
2. 划定独立各州和效忠于英王的殖民地之间的疆界；
3. 对加拿大边界的规定应恢复1774年魁北克法案前的状态；
4. 美国人可以自由地在纽芬兰沿岸钓鱼。

在四项补充的要点中，包括割让整个加拿大这一意见。

8月初，舍尔伯恩对富兰克林备忘录进行答复：英国政府可以立即承认美国独立，不过，希望富兰克林取消四项补充的要点，以必要的四点要求作为和平谈判的基础。

8月29日，英国内阁正式同意：在和谈前承认美国完全彻底的独立，并以富兰克林提出的必要的四点要求作为谈判的基础。

9月，英国正式任命奥斯瓦尔德为对美和谈的全权代表，就在和谈取得实质性进展时，富兰克林的膀胱结石病复发，和谈只好委托6月23日赶来的杰伊继续进行。

10月，杰伊和奥斯瓦尔德进行正式谈判，除了富兰克林提出的条件，杰伊另外加上一条：英、美两国可以在密西西比河和境内任何地点，按国家之间的规定自由贸易。此时，由于英国和西班牙的战局发生转变，英美和解就显得不那么急迫，因此，英国又提出一些条件，并派亨利·斯特拉吉前往巴黎协助奥斯瓦尔德工作。

10月26日，亚当斯从荷兰来到巴黎参加议和谈判。亚当斯和杰伊一直对法国、西班牙存有戒心，并认为：美国应该单方面同英国进行议和谈判，不需要考虑法国等其他国家的因素。由于疾病缠身，也由于在三个人的使团中，亚当斯和杰伊已经达成一致，尽管富兰克林在心里不赞同单方面议和的主张，但为了不造成内部摩擦而影响谈判的进行，最终他还是接受了亚当斯和杰伊的意见。

几经周折后，和谈最终在11月底达成一致意见。11月30日上午，美英两国的和平使者签订了美英和平草约。条约内容基本涵盖各个方面：

1. 英国正式承认美国独立；
2. 确定美国边界的四至；
3. 美国获得在纽芬兰海面的捕鱼权；
4. 美英在密西西比河上均有航行权；
5. 双方债权人都有索要债务的权利。

美英和平草约非常利于美国，得到美国人民热烈的拥护。可是，富兰克林对法国人感到十分歉疚，他必须尽最大努力来处理这一问题，况且美国国内急需大量的贷款仍需要从法国获得。

在和约签署之前，富兰克林就曾给弗尔仁尼写信，暗示其美国希望停战。和谈达成一致的当晚，富兰克林给弗尔仁尼送去一张便条，告诉他和约已经准备就绪。第二天，和约签署后，富兰克林立即向弗尔仁尼通报此事，并将草约副本送交给他一份。

几天以后，富兰克林又亲自登门拜会弗尔仁尼，向他详细介绍和谈的情况。富兰克林外表平静，但心里却十分内疚，他的举动的确起到安抚弗尔仁尼的作用，但这并不能消除他内心的怨愤。

两个星期后，当富兰克林向弗尔仁尼提出请求得到贷款时，老练的外交家弗尔仁尼终于爆发，他在给富兰克林的信中愤怒地写道："你们在和谈过程中对我们这边谈判的情况不闻不问，急于抓住实现美国和平的契机。先生，你应该是聪明谨慎的，你应该知道怎样做才得体。你的一生都在履行自己的职责。我请求你考虑，你是怎样完成对法国国王负责的义务。我不想夸大事实，只想借助你的良心解决此事。当你愿意解除我心中的疑虑时，我才能答应你们的要求。"

两天后，富兰克林给弗尔仁尼回了一封信，这也是富兰克林最著名的外交信函之一，他写道：

"在美英和平草约签订之前没有征求你们的意见，的确不符合外交礼仪。但是，这一切并不表示我们对热爱并尊崇的法国国王缺乏敬意，我们希望可以被谅解。至今为止进行得愉快的伟大工程，就要接近完成，不要为了我们的一个小小的过失而使之毁于一旦。如果你们拒绝继续援助我们，那这项伟大的工程将毁于一旦。况且，它还只是一个临时的协议，最终签订还要取决于英法两国之间和平相处这一前提。我刚刚得到消息，英国人正在为成功使我们分裂而感到高兴，但是，法美两国仍然忠实地团结在一起反对英国。所以，这一小小的误会将成为秘密，英国人将发现他们已经大错特错。"

收到富兰克林的信后，弗尔仁尼释怀地笑了。几天后，他批准给美国贷款600万法郎，并且直接汇走60万，其余部分将在1783年全部汇去。

　　1783年9月3日，《英法和约》《英美合约》同时在巴黎签署。至此，美国终于得到全世界承认，获得独立，美国人民乃至欧洲人民翘首企盼的和平也终于实现。

第七章 最后的余热

1. 荣归故里

1783年9月，和约签署后，富兰克林终于有一段属于自己的闲暇的时间，他满怀兴致地观看了巴黎的首次气球升空表演。11月20日，他在帕西亲眼看见到有人乘上无人驾驭的气球升空。12月1日，他又观看到一场气球升空的表演。

在富兰克林关心新事物的同时，很多人也在关心着这个新诞生的国家，那里充满着商机与神秘感，很多人写信或亲自前来询问富兰克林移民美国的具体情况。看到大家如此热情地向往前去美国，富兰克林既高兴又感到担心，他担心的是人们并不是十分了解这个新生的国家，于是，他决定写一本书向全世界人民介绍美国的真实情况。1784年3月9日，富兰克林编著的《移民美国须知》的英文版和法文版同时出版。

由于大家都知道美国人与印第安人之间的战争，很多人在询问移民美国的情况时，还不时地询问印第安人的情况，为了使美洲人嘴中的野蛮的印第安人的形象得到改善，富兰克林还编著一本名为《评北美洲野蛮人》的书，告诉人们，他们是一个自由、值得尊重的民族，如果大家不加以主观的评价，那么没有哪一个民族不是粗野和毫无礼貌规范的。

富兰克林在新编写的《穷理查历书》中，改变了对贵族的看法，他反驳了高贵血统纯洁论，并认为把贵族头衔传给后代，只会贻害后人。这一思想后来被法国老友米拉波的儿子所吸取，成为他在法国革命中摧毁旧贵族的思想动力。

富兰克林还就当时的一起盗窃案的定刑，发表过一篇评论，抨击政府判罚过重。后来这篇评论被英国的塞缪尔·罗密里收入到《观察》一书中，它是罗密里主张改革英国刑法的第一部著作。

除此之外，富兰克林还一直为美国与欧洲各国缔结友好条约而忙碌着。1784年至1785年间，富兰克林还被授予各种国际荣誉，当选马德里的皇家历史科学院、奥尔良和里昂的科学艺术科学院、曼彻斯特文学和哲学学会的会员。英国海军部还通过豪勋爵赠送给他一册库克船长的《航向太平洋》和伦敦皇家学会的一枚纪念库克的奖章。

当富兰克林即将离开巴黎返回故乡时，法国政府赠给他一幅法国国王的画像，相框上镶有408颗钻石，法国的友人们也都赶到帕西为富兰克林送行。

法国虽然不是他的祖国，但这里有值得他留恋的一切，他是如此的恋恋不舍，但是与这种留恋相比，他更向往美国这个对他来说陌生又熟悉的国家，他还没有亲眼看到这个新生的国家的新气象，他也想念他的家乡、亲友。7月25日，富兰克林起程返回美国。

9月14日，富兰克林带着两个孙子和使团等人抵达费城，与前两次出使归来一样，富兰克林受到了费城人民的热烈欢迎，人们从港口鸣炮、敲钟直到富兰克林回到家中，前去富兰克林家中访问的朋友更是络绎不绝，延续一个多星期。

富兰克林已经79岁，而且痛风病还时常侵扰着他，身体和精力都不比从前，他想退出政坛，在读书、研究和愉快的家庭氛围中安享晚年。但是现在卸任言之过早，费城还需要他，刚刚成立的国家还需要他。

10月11日，宾夕法尼亚州议会进行选举。17日，富兰克林以绝对的优势入选州参事会。18日，他当选参事会主席。29日，州议会、参事会联合选举他为宾夕法尼亚州州长。31日，在一片称赞声中，他宣誓就职。

富兰克林虽然很少出席参事会会议，但是没有人介意，大家都把他看作一个德高望重的特殊人物，他们需要的是他的头脑、智慧和权威，而不需要他亲自出马处理什么具体的事情。所以，只要他在费城就已足矣。

11月11日，富兰克林向议会提出了废除"检查法"建议。12月15日，议会就废除"检查法"这一问题展开激烈的争论。由于废除"检查法"已经成为人民群众普遍的要求，外加富兰克林对此施加的个人影响，1786年3月，"检查法"被废除。

9月，在富兰克林的努力和指导下，议会对宾夕法尼亚的刑法做出重大修改，并通过一部修改该州刑法的条例。按照新的刑法，只有谋杀罪和叛国罪被判以死刑，其他罪行则按照轻重分别给予监禁和劳役等处罚，并废除那些毫无人道的酷刑。

在富兰克林治理下的宾夕法尼亚州，政治更加公正开明，法律制度不断得到完善，人民的基本权益也得到保障，所有人都在心底里默默感谢这位伟大的、无私的老人。

2. 促进宪法通过

独立战争接近尾声时，1781年3月，美国各州批准邦联条款，成立邦联政府，取代原来行使权力的大陆会议。独立战争结束后，美国的经济开始走向复苏和繁荣，领土也在逐渐扩大，人民期待的幸福生活即将到来，这里充满生机。但是，人们发现邦联政府在体制上还存在很大的缺陷，中央的权力有限，各州的权力却很大，他们仍保留着自己的"主权、自由和独立"，就像一个个独立的主权国家。因此，邦联政府显得力不从心，这样势必会出现许多难以解决的矛盾和问题。表面平静的美国，其实内部隐藏着严重的危机。于是，修改宪法，建立一个强有力的中央政府就显得非常迫切。

1787年3月28日，富兰克林当选制宪会议的代表。5月14日，制宪会议在费城召开。在代表中，富兰克林年龄最大，他已经82岁，但是没有人怀疑他的能力，人们还开玩笑地说，"他的脑力仍可以和一个25岁的年轻人相媲美。"虽然是恭维自己的话，可富兰克林听了还是十分高兴，但他清楚自己参加制宪会议的作用，他要调和，而不是引导他们走向哪里，最后使他们在谋求美利坚民族总体利益的前提下在重大问题上达成共识。他知道未来是他们的天下，当然应该由他们自己总结出正确的道路。

6月，会议进入紧张的焦灼状态，一些较小的州提出，他们应该与较大的州同样享有投票权。较大的州则认为，如果人口数相差悬殊的两个州享有同样的代表席位，绝对不公平。小州马上表示不满，坚持在邦联制下的所有州都应享有同等的权利。双方就此事争论不休，会议气氛异常紧张。

在争执中，代表都是以本州的利益为中心：小州认为如果没有平等的代表权，他们的利益就只能任大州摆布；大州则认为自己的利益不该让小州插手。只有富兰克林等少数人，思考的是资产阶级国家的整体利益。为了不让制宪会议变成无休止的争辩，富兰克林呼吁持不同意见的双方，各做些让步。

7月初，一州派出一名代表组成一个大委员会，寻找令大、小州妥协的办法。富兰克林提议在众议院和参议院都实行比例代表制。经过讨论，7月5日大委员会向制宪会议提交一份妥协方案：

1．在国家立法机构的众议院，各州应都有代表出席，每40000名居民产生一名代表；

2．一切关于筹款或分摊钱款的议案、一切有关征税的法案，都由众议院产生，参议院不得加以修改或补充；

3．在立法机构参议院，各州享有同等数量的议席。

这一妥协方案在制宪会议上以5票对4票获得通过，它的通过直接影响着美国宪法能否在它最被需要的时候诞生，富兰克林的妥协政策则起到决定性的作用。

除了协调，富兰克林在一些问题上也发表过自己的观点，虽然代表们都尊重他，但是有些观点并没有被接受，如他主张的院制议会、复式行政机构、公务员无薪制等都遭到否决。有些观点虽然得到大部分代表的认可，真正落实到宪法中的却非常少。不过富兰克林并不十分在意，因为他的主要作用不是提出什么意见，而是促使代表们排除障碍，实现和解，使宪法早日通过。

9月17日，是最后签署宪法的日子。尽管对待某些问题上，代表们还有异议，新制订的《联邦宪法》还要在各州得到批准后才能正式生效，但这一幅宏伟的蓝图已经被勾勒出大体的轮廓。

由于富兰克林不能长时间地站着，所以他请人代读了事先准备的发言稿：

"我承认，到目前为止我还是不赞同宪法中的一些内容，但我不敢确定我将永远不赞同它们；活了这么久，经历了这么多，由于知识的更新和考虑得周全而改变观念的例子有很多，即便是在重大的问题上也是如此，原以为是对的，后来却发现是另外一回事。随着年事的增长，我开始怀疑自己的判断力，而注意别人的判断。因此，我同意这部宪法，连同它的一切缺陷，因为只有这样才有益于公众。最后，我希望制宪会议的每一位成员和我一道，在这一文件上署名。"

讲完这番话后，富兰克林庄重地在宪法上签了自己的名字，代表们也陆续签了字。最后一刻，华盛顿提出将原定的4万居民产生一名议员，改为3万，代表们一致通过，并立即做出更改。

制宪会议在完全保密的状态下进行，可还是有人将富兰克林的讲话偷偷印发出去。看过讲话内容的很多人都认为，它更像是怀着沉痛的心情，为即将离开政治生涯而作的告别辞。

9月18日，富兰克林来到宾夕法尼亚州议会会场，向议员们宣布了《联邦宪法》签署的消息，并把宪法的文本交给议会批准。21日，州议会正式开会讨论这一问题。12月12日新宪法被批准。同时，争取批准宪法的工作也在其余各州积极地开展起来，直到1788年11月，宪法得到全部13个州的批准。于是，一个新型的联邦制国家诞生。

3. 巨星陨落

制宪会议结束后，富兰克林又回到费城的政治生活之中，但是他的身体已经不如从前，他不能再为自己的家乡增添什么光彩。

可是人们并没有因此而嫌弃他，在1787年的宾夕法尼亚州州长选举中，富兰克林以全票成功连任，这是费城人民所能给予富兰克林的最高奖赏。

11月，他病倒了，且迟迟没能痊愈。从这时起，他就很少参加行政会议。1788年1月，他在花园散步中不幸跌倒，旧疾未愈又添新伤，他的身体状况更加糟糕，连7月4日的独立纪念庆典，他也没能出席，只能透过窗子观看游行的人群和热闹的庆祝场面。在他任期内的最后几个月里，为了照顾他，行政会议直接搬到他的家中进行。

1788年10月14日，托马斯·密弗林接替富兰克林担任州长一职。在一片充满敬意的掌声中，富兰克林结束长达60年的政治生涯，得以安享晚年。早在刚刚回到费城时，富兰克林就已经安排好自己的晚年生活，他要在读书、研究、写作、与朋友相聚中度过自己的余生，他终于可以如愿以偿。

但是，富兰克林发现，岁月的沧桑和尽心竭力的工作，已经严重地耗损了他健壮的身体，他不得不承认，在跟时间的斗争中，自己终将是个输家。对他来说，还有两个重要的任务等着他的完成，完成自传和立遗嘱。

撰写自传不单单是富兰克林一个人的愿望，也是那些敬仰他、热爱他的朋友们的美好愿望。大家都希望，这位伟人的经历和思想可以影响后人，为迷途中的青年指引方向。自传的前半部分已经完成，从1786年起，他已经开始续写自传，但是由于身体的原因，他几次中断写作，到1789年，他不能再执笔写作只能口述，由外孙做笔录。

1788年夏，富兰克林开始写遗嘱，并于7月17日对遗嘱进行公证。在遗嘱中，他对自己的财物、书籍、手稿、科学仪器和乐器都进行了分配。他的亲属几乎都得到了丰厚的遗赠，他的许多亲密朋友，也得到一些遗产，以留作纪念或生活补贴。1789年6月23日，富兰克林对遗嘱进行增补，其中包括将自己的金头手杖赠给华盛顿，并说"如果这是一根权杖，那么这位人类的朋友将受之无愧"。

为了推动教育事业和科学的发展，为国家培养出更多的人才，富兰克林将遗产的一部分拿出，赠送给图书馆、美洲哲学学会、波士顿艺术科学院和宾夕法尼亚医院。他还为波士顿一所免费学校设立基金，用来给那些品学兼优的学生颁发银质奖章。

为了回报生养他的家乡，富兰克林拨出1000英镑用于波士顿和费城建立公共事业，包括设立一项用于发放给年轻的学徒们的贷款，以鼓励他们成就自己的事业，年息为5%，每年偿还1/10本金。所得利息再贷给具备相同条件的青年。

只要病情有所好转，富兰克林仍会写些东西，1789年6月费城学院重组时，他还为此撰写一篇《关于费拉德尔菲亚学院原创办者意图的思考》。他还与许多朋友保持着密切的书信联系，与朋友们谈论古今，回忆往事。即便是在卧床不起、足不出户的那段时日，他也不会感到孤独，在他生活中时刻被亲情和友情所包围。

退出政坛的富兰克林，依然关注着国内、国际政治。得知法国大革命爆发后，他一直关注进展，并为法国的命运感到忧心。他还积极地参加废奴运动，并写文章呼吁社会各界支持废奴协会，并为它提供资金。9月16日，他给华盛顿写信，诚恳地祝贺他出任美国第一任总统。1790年3月1日。他给耶鲁大学校长坎兹拉·斯蒂尔斯写信，谈到宗教宽容等问题。

杰斐逊在赴联邦政府出任国务卿一职的途中，专程探望富兰克林，为了表达对杰斐逊的深情厚谊，富兰克林把自己的一部手稿赠送给他。在富兰克林去世的前9天，还坚持给杰斐逊寄去一封信，这也是富兰克林的最后一封信。

1790年4月，富兰克林旧病复发，病痛难忍。4月17日，富兰克林竟然起了床，并请人为他修整一下衣着仪表。大家以为这是康复的好兆头，富兰克林却平静地告诉他们，自己已经听到上帝的召唤，准备平静地走向死亡。晚11时，富兰克林在亲人的围绕下溘然离世，没有一丝痛苦的挣扎，那样的平静和安详，享年84岁。

一个伟大的生命就这样安息，人类却失去一位最亲密的良师益友。4月21日，两万费城人民为他举行葬礼，为这位伟人送行，城里降半旗志哀，教堂里哀钟长鸣，向他致以最后的敬意。

4月22日，参议院一致决定为富兰克林的逝世服丧一个月以示哀悼。6月11日，当消息传到巴黎，法国决定为富兰克林的逝世哀悼三天，随后各国也纷纷效仿。

他是杰出的发明家和科学家，他是卓有成效的社会活动家，他是享誉世界的作家和思想家，他是将毕生精力奉献给人类进步事业的政治家、革命家和外交家，他的一生，拥有太多璀璨夺目的头衔，这些成绩也足以让他进入世界伟人的最高殿堂，但对于质朴谦虚的富兰克林来说，这些似乎并不具备意义，他为自己写下的碑文只有短短的一句话：

"印刷工富兰克林。"

附录

富兰克林生平

本杰明·富兰克林是18世纪美国著名的实业家、科学家、发明家、政治家、社会活动家、思想家、外交家、文学家。他还是美国独立战争的伟大领袖。除此之外，他对音乐、航海也颇有研究。

1706年1月17日，本杰明·富兰克林出生在北美洲的波士顿。他的父亲乔赛亚是英国漆匠，当时以制作蜡烛和肥皂为业，生有17个孩子，富兰克林是第15个孩子（他父亲先后娶了两个妻子，前妻生了7个，继室又生了10个，富兰克林是继室所生，排行第15，下面还有两个妹妹）。

富兰克林酷爱读书，乔赛亚一直希望他能成为牧师。在他8岁那年，乔赛亚送其上学读书，虽然学习成绩十分优异，但是由于家境窘迫，年仅10岁的他，不得不中断学业回家帮忙。富兰克林的一生只在学校读了两年书。

回到家后，他开始向父亲学习制作蜡烛。12岁时，开始跟随哥哥詹姆斯学习印刷，开始了他近十年的印刷工生活。这期间他从未停止过阅读、学习，也正是由于从事印刷业学徒的工作，使富兰克林接触到了许多新书和新作家。同时，他还结识了一些书店里的学徒，到了晚上，他们便将书店的书偷偷地借给他。回到家后，富兰克林便通宵达旦地阅读，因为第二天清晨还要归还。自然科学、著名科学家的论文、名作家的作品都是他阅读的范围。这也为他日后的人生奠定了坚实的根基。

为了自立于当时的社会，他毅然决然地离开了哥哥。历经许多挫折后，他创办了自己的印刷所。由于讲信誉、不怕吃苦、注重经营管理，他不仅在竞争激烈的印刷界站稳了脚跟，还将业务逐渐扩大到邻近的部分区域，成为当时北美洲印刷出版行业中的佼佼者。

不久，富兰克林开始热衷于在北美殖民地传播文化和社会福利等方面的事情。他先后组织创建了"共读社""美洲哲学学会""北美科学促进会"、图书馆、报社、书店、医院、学校、消防队、地方民兵组织等机构和组织。他改革了北美殖民地的邮政制度，建立起北美殖民地统一的邮政系统，成为北美殖民地极具影响力的人物。

与此同时，他开始了大量的科学研究，发明了"开炉"，研究电学，做了著名的费城雷电风筝实验，发明避雷针……当他在科学研究上取得一个又一个的成就时，由于英国殖民者残暴的统治，北美殖民地的民族解放运动日益高涨。为了民族的独立和解放，他放下了手中的实验，积极参与到民族的解放运动当中。

独立战争爆发以后，他参加了第二届大陆会议和《独立宣言》的起草工作。1776年，富兰克林又远渡重洋出使法国，争取美法结盟，共同作战抗英。当时环境非常不利于美国，他巧妙地利用了欧洲各国之间的矛盾，抓住有利时机，促成了美法结盟，为美国独立战争做出了巨大的贡献。战后，他成为新生的美国第一任驻法特命全权大使前往法国工作，直到1785年才荣归故里。

回国之后，他连续四年担任宾夕法尼亚州长。1787年，他参加了制定美国宪法的工作。1788年后，他不再担任任何公职，但仍发表政论文章，供政府参考，并积极致力于废除奴隶制的活动。

1790年4月17日，夜间11点，富兰克林逝世。4月21日，费城人民为其举行了葬礼，约两万人参加了告别活动，并为富兰克林服丧一个月以示哀悼。

八十四载辉煌的春秋，就在本杰明·富兰克林的努力与奋斗中静静地消逝在人世间。他的遗体静静地躺在教堂院子里的墓穴中，墓碑上只刻着："印刷工人富兰克林"。

富兰克林年表

1706年1月17日，出生于北美马萨诸塞的波士顿城一小商人家庭。

1714年，进语法学校学习。

1716年，中断学业，帮助父亲工作。

1718年，跟哥哥詹姆士签订学徒合同，开始从事印刷业。

1722年4月2日，开始匿名向《新英格兰报》投稿，并做过该报临时编辑。

1723年，背弃学徒契约，辗转来到费城，当印刷工。

1724年，为独立开业赴伦敦居19个月，当印刷工；发表论文《自由与贫困，快乐与痛苦论》。

1726年，返回费城，先当店员，后当印刷所工头。

1727年，创办"共读社"，研究社会科学、自然科学的各种问题。

1728年，和梅莱迪斯合开印刷所。

1729年10月2日，创办《宾夕法尼亚报》。同年，开办文具店；出版《试论纸币的性质和必要性》。

1730年9月1日，和黛博勒·里德结婚。同年，长子威廉出生。

1731年，创办费城图书馆。

1732年，出版《穷理查历书》创刊号；次子弗朗西斯·福尔吉尔出生。

1733年，开始自学法语、意大利语、西班牙语、拉丁语和德语。

1735年2月4日，发表名为《论保护城市不受火灾》的论文。同年，组织志愿救火队。

1736年，担任宾夕法尼亚州议会文书；组建费城联合救火队；弗朗西斯因患天花夭折；富兰克林的侄儿詹姆士从新港被带到这个家里。

1737年，就任费城邮政局长；改革费城警务。

1740年，发明一种新型火炉，既节省燃料，又利于取暖。

1743年8月31日，富兰克林的女儿萨拉降生。

1744年，创办"美洲哲学学会"，自任秘书；富兰克林的父亲乔赛亚·富兰克林去世。

1746年，开始电学实验。

1747年，通过各种电学实验，在电学理论上实现重大突破。11月17日，发表《平凡的真理》；组建费城的国民自卫队。

1748年，改印刷所为合伙经营。10月4日，当选宾夕法尼亚州议会议员。

1749年，被任命为治安理事；开始筹办费城的大学。

1751年1月7日，费城的大学正式建成；被选为市参议员。8月10日，与威廉·亨特合任北美邮政总代理。8月13日，被选为州议会议员。同年，帮助托马斯·邦德医生创办费城医院；出版《本杰明·富兰克林在美洲费城所做的电学实验和观察》。

1752年，做天电传蓄实验——费城雷电风筝试验；发明避雷针；《电学实验与观察》被发表；富兰克林的母亲阿拜亚·富兰克林去世，富兰克林在波士顿为父母合葬。

1753年7月，哈佛大学授予他名誉文学硕士学位。9月，耶鲁大学授予他名誉文学硕士学位，只上过两年学的富兰克林终于圆了学业有成之梦。11月30日，皇家学会"以其神奇的电学实验和观察"授予他哥德弗雷·科普利爵士金质奖章，被推举为皇家学会会员。同年，同印第安人谈判。

1754年，作为宾夕法尼亚州代表出席在奥尔巴尼召开的殖民地代表会议，提出"殖民地联盟计划"。

1755年，组建国民自卫队，被推举为国民自卫军指挥官。

1756年4月，威廉学院和马利学院授予他名誉文学硕士学位。

1757年，发表《致富之路》（《老者亚伯拉罕的讲话》）；在议会提案铺设费城街道；作为宾夕法尼亚州议会代表赴英请愿，反对业主在殖民地的免税特权。

1758年2月12日，被圣安德斯大学授予荣誉法学博士学位，这是富兰克林生平第一个博士学位。

1760年，通过努力使英国王室枢密院决定，殖民地业主的产业必须同样纳税。

1762年，发明玻璃琴，流行欧美数十年。4月30日，牛津大学授予他民法博士学位，他的儿子威廉被授予文学硕士学位。8月，威廉被任命为新泽西州州长。9月，威廉·富兰克林与伊丽莎白·道恩斯举行了婚礼。11月1日，返回费城。

1763年，巡视北部殖民地邮政，开始改革邮政；反对屠杀一切印第安人，撰写《近来兰开斯特郡一些与本省友好的印第安人惨遭来历不明的人屠杀的实录，及关于这种事情的意见》。

1764年，当选宾夕法尼亚州议长一职；在宾夕法尼亚州议会选举中败于激进派；作为宾夕法尼亚州议会代理人第二次前往伦敦请愿，要求英王直接统治宾夕法尼亚。

1766年，在英国下院为废止印花税事答辩，促进了印花税法案的废除；与好朋友约翰·普林格尔一同出访汉诺威，两人都当选德国皇家科学学会会员；帮助青年学者约瑟夫·普利斯特里编著关于电学史方面的书籍。

1767年，初次旅法，受法国国王接见；受命再任宾夕法尼亚州议会代理人；开始筹划实现美洲殖民地西部领土计划。

1768年，受托担任乔治亚州议会代理人；发表《1768年前美洲人不满之原因》；做关于船速在深水、浅水中变化的实验；开始研究语音学和拼写改革。10月1日，与来访英国的丹麦国王克里斯丁七世同进晚餐，讨论学术问题。

1769年，受托担任新泽西州议会代理人；当选美洲哲学学会会长；出版第四版《电子实验与观察》，增加了《哲学题目信件集》。7月至8月，富兰克林和普林格尔结伴第二次游历法国。12月，受托担任马萨诸塞的代理人。

1771年，游历英伦三岛；访泰福德的希普利主教；开始写自传。

1772年，当选法兰西皇家科学院"外国会员"；指导军火库安装避雷针，与电学家威尔逊发生避雷针尖头、钝头之争。

1773年，发表《普鲁士王之敕令》《鹰与猫》《母牛和农夫》三则讽喻英美关系的寓言；《电学实验与观察》荷兰文版出版；研究感冒病因；做大量用油平息海浪的实验。

1774年，"赫金森信札"事发，被解除北美邮政总代理之职；结识并介绍托马斯·潘恩赴美；开始和几方面英国政要共同做调和英美矛盾的努力；第五版（最后一版）《电学实验与观察》出版；用油平息海浪的实验报告发表。12月19日，妻子黛博勒逝世。

1775年，向英呈交《调回驻波士顿驻军的方案》，遭到拒绝；返回费城，途中研究海湾海流；当选北美殖民地第二次大陆会议代表；和潘恩共同起草宾夕法尼亚州宪法；担任宾夕法尼亚州治安委员会委员；在政治问题上，和威廉、加洛维分道扬镳。

1776年3月，奉大陆会议派遣出使法属加拿大。7月，参加起草《独立宣言》，宣言通过后，任美利坚合众国邮政总长。同年，当选宾夕法尼亚州制宪委员会主席；参加同英国将领豪的会谈；奉大陆会议派遣出使法国，途中研究海湾海流。

1777年，独立事业走向低谷，直到年末的萨拉托加大捷才迎来转折，其间一直为同法国签订同盟条约不懈努力；在与法国各界人士交往期间，曾继续从事电学研究。

1778年2月6日，促成美法签订《美法友好通商条约》和《美法同盟条约》。4月29日，在皇家科学院，同伏尔泰会面。同年，发表关于北极光的论文。

1779年，受命任驻法全权大使；出版《政治、哲学论文杂集》；发表改革了的字母表。

1780年，德文版选集（三卷）出版；发明双光眼镜；研究空气湿度。

1781年，成为波士顿的"美洲科学艺术学会"会员。

1783年9月3日，英美、英法分别在巴黎签署和平条约，英国承认北美十三州独立。同年，入选爱丁堡皇家学会会员。

1784年，发表《移居美国须知》《评北美洲野蛮人》。

1784—1785年间，当选马德里的皇家历史科学院、奥尔良和里昂的科学艺术科学院、曼彻斯特文学和哲学学会的会员。

1785年，返回美国费城；当选宾夕法尼亚州州长，并连任三年；发明高架取书器。

1786年，开始重续自传。

1787年，参加联邦宪法会议，促成宪法通过；"政治研讨学会"成立，担任会长；担任"宾夕法尼亚促进废奴协会"主席。

1788年，退出政治生活，立遗嘱。

1789年6月23日，对遗嘱进行增补。6月，撰写《关于费拉德尔菲亚学院原创办者意图的思考》。同年，撰写《关于奴隶贸易》。

1790年4月17日晚11时，逝世于费城，享年84岁。